改革教会の伝統と将来

袴田康裕
Hakamata, Yasuhiro

教文館

目次

装丁 桂川 潤

改革教会の伝統と将来

これからの伝道と教会形成

〔この講演は、日本キリスト改革派教会西部中会創立七〇周年記念宣言〔文末に収録〕を素材として、今日の伝道と教会形成の課題を検討したものです。〕

1　なぜ日本伝道は難しいのか

⑴日本伝道が難しい理由

どんな時代になっても教会の最大の使命は伝道です。しかし、統計的に見れば明らかに日本伝道は行き詰まっています。ただでさえ少数のキリスト者の数が、頭打ちか減少に向かっています。

今日の講演では、いかに伝道するかということも語りますが、その前に、なぜ日本伝道は難しいのかを考えておきたいと思います。幾人かの人たちの見解を紹介します。まず、国際基督教大学の教授であった古屋安雄氏です。彼は日本でキリスト教が広まらなかった理由として大きく二つのことを挙げています。

一つは、日本ではキリスト教は知識階級に入ったことです。当時の知識階級であった武士階級に入り、キリスト教は知識階級だけが信じる外国の宗教になってしまいました。教会では牧師によって知的な説教がなされ、信徒は静かに聞くだけになりました。古屋氏は、日本でキリスト教が広まるためにはもっと大衆化しなければだめだ、と訴えておられます（古屋安雄『なぜ日本にキリスト教は広まらないのか』教文館、二〇〇九年、一五、二九、四八、六二頁)。

もう一つ、日本でキリスト教が広まらない理由として、ナショナリズムとキリスト教が結びつかなかったことを挙げています。確かに韓国ではナショナリズムとキリスト教は親和性を持ちました。日本の植民地支配に対する抵抗をキリスト教が支える面がありました。しかし日本では、ナショナリズムは天皇制や神道と結びつくため、反ナショナリズムになりがちです(同書、八六頁)。

次に、カルヴァン研究者の渡辺信夫氏の見解です。彼は日本でキリスト教が伸び悩んでいる理由として次のように語ります。

「一番の理由はキリスト教側が、とうに戦う姿勢を失っていたからであると私は考える。戦いとしての伝道を殆ど経験してこなかったのである。思想的な戦いをしなくても一部分は受け入れてくれたのである。対決はしないで、受け入れてくれる隙間に入り込もうとしているだけであった。だから、受け入れられることによって異質者であることを失い、骨抜きになった。近代化しない部分の日本に入り込もうとすれば、戦いはあったであろう。その戦いは回避された。だから、戦いを経てこそ定着するものが、定着に至らなかったのである」(『改革教会の伝道　その2』未刊講演原稿、一九九三年、八頁)。

渡辺氏は、日本のおける伝道の危機として、「一つには打ち立てられるべき教会のイメージを失っていること」「もう一つには無気力化」を挙げています。そして前者は、改革主義の教会論を学ぶことによって、後者は信仰の覚醒によって解決されるとしています(同書、一〇―一一頁)。

ここには日本のキリスト教やキリスト者が持つ、深刻な問題の指摘があると言えます。改革派教会は「打ち立てられるべき教会のイメージ」を比較的しっかり持っている教会だと言えます。しかし、後者の問題、無気力化の問題はどうでしょうか。

次に紹介したいのは、二〇一二年に発表された共同研究の結果です。タイトルは『日本ではなぜ福音宣教が実を結ばなかったか』(研究会Fグループ、いのちのことば社、二〇一二年)です。実を結ばなかった理由として、三つが挙げられています(同書、八頁)。

第一の理由　日本の教会がキリストの心を具体化していない教会であったから。

第二の理由　牧師・指導者(長老・役員・執事たち)が未熟であったから。

第三の理由　クリスチャンを含めた日本人が島国的劣等感の束縛から解放されていないから。

第一の理由は、日本の教会の問題、日本のクリスチャンの信仰の質の問題、第二の理由は、主として牧師の問題、第三の理由は、日本社会の問題、日本人性の問題と言えます。そして第一の理由は、ある程度神学や教会教育・牧会によって克服できる問題です。第二の理由は、牧師養成教育や牧師継続教育の課題とも言えるでしょう。むしろ最も取り組むことが難しく、そして根深いのは第三の理由だと私は思います。

尊敬していた評論家の加藤周一さんが、『平凡社大百科事典』に「日本」という題の小論を寄せています。その中で実に的確に日本の社会・文化の特質を描いています。大きな特徴は①現世主義と②集団主義です。日本においてはカミもまた、超越的な存在ではありません。加藤さんは次のように述べています。

「一般にカミの世界と人の世界とは、同一であるか、前者が後者の延長であり、相互の交通は、しばしば困難とされるが、不可能とはされない。……このような信仰体系の基礎の上に成立した世界観は、唯一究極の現実を日常的な現世とし、それを超える第二の現実を認めない。彼岸は、此岸に影響するかぎりで、いわば此岸の遠い延長として認められるにすぎない。日常的世界を超越する権威はなく、その権威との関連において善と悪、正義と不正義が定義されるということもない。別の言葉でいえば、この世界観の現世主義は、超越的価値の不在と離れがたく結びついている。

現世＝日常的世界は、具体的には共同体である。ムラ共同体に住む人にとっての現実はムラであり、ムラ以外ではない。ムラ人は、ムラにとって善いことをカミに願い（たとえば降雨）、ムラにとって悪いことが起こらぬように願う（たとえば疾病）。しかし何がムラにとって善く、何が悪いかは、カミが決めるのではなく、ムラ人が決めるのである。……日本の土着世界観において、価値の根拠はムラに内在し、決してムラを超越しない」（『加藤周一著作集23』平凡社、一九九七年、一〇―一一頁）。

「現世主義の世界観は、現世＝共同体に超越する絶対的価値を認めないから、価値としての所属感に対する挑戦は起り難い。ムラの全体が何かの目標を追求するとき、ムラ人個人がその目標を批判し、自ら正しいと信じるところを徹底的に主張する根拠はない。個人の意見の正しさをその当人に保証する『天命』も『自然の理』も、人格的な神のあたえる『十戒』もないからである。かくして非超越的な世界観は、集団主義を強め、逆に強い集団主義の内部においては、集団を超える絶対的価値への信仰は成立し難いだろう。世界観、あるいはその背景としての信仰体系と、集団主義との、いずれが原因であるかを問うことは、おそらく意味がない。日本文化の根本的な部分が、思想的には現世主義、社会的には集団主義として表現されるのである」（同書、一八頁）。

現世主義は、超越的価値の不在と結びつき、超越的価値の不在は、具体的には共同体の価値への隷属を要求する。それが日本的集団主義です。この日本的集団主義が、日本社会のあらゆる面を覆っています。それゆえ、集団を超える絶対的価値を主張するキリスト教は、定着しがたいのです。日本において、キリスト者になるということは、日本文化のある意味根本的な部分と対決することになります。その軋轢に耐えなければ、キリスト者にはなれません。この点を曖昧にして、日本宣教を考えることはできないでしょう。

加藤周一氏は、日本の現世主義・集団主義の「原因を問うことはおそらく意味がない」と言われました。私もそう思います。ただ私たちは、それが長い歴史によって（時には為政者の政策によって）形成されたものであることを自覚し、これと対峙し続けるには、強い覚悟が求められていることを覚える必要があります。

(2) 歴史において伝道はどんな時に進展したのか

日本伝道はなぜ難しいかということを考えました。覚悟がいるということを申し上げました。しかし、言うまでもないことですが、歴史上、日本だけが特別に伝道が難しいなどということはありません。具体的な伝道の方策を考える前に、歴史のおいて伝道はどんな時に進展したのかを簡単に見ておきたいと思います。

最初に、初期キリスト教がなぜ広がったのかということです。ローマ帝国の迫害下でキリスト教は確実に広まっていきました。それはなぜなのでしょうか。

丸山忠孝氏は第一に、福音のユニークさを挙げます。「当時の人が常識では考え出すことも理解することもできないほど、桁外れで独特なメッセージ」であったことが、キリスト教が広まった一つの理由だとしています（丸山忠孝『キリスト教二〇〇〇年』いのちのことば社、一九八五年、二六―二七頁）。

水垣渉氏は、初期キリスト教が発展した大きな理由の一つは「キリスト者の新しい共同体が新しい生活様式を実践していた」ことだとしています。その実践とは「愛の活動」でした。古代世界は、自然災害、疫病、暴動、戦争が絶えることのない世界です。平均寿命は三〇歳に満たない社会です。その中で、キリスト者共同体は、貧しい者、弱い者への愛に生きました。やもめや孤児を支え、病人を助け、災害時には救援を行いました。教会自身が政治的に圧迫されていて決して裕福ではなかったのですが、そうした活動を一般社会の人々の目に触れるほどの仕方でしていたのです。それが、キリスト教が発展した大きな理由でした。

つまり教会は、社会的ネットワークとのつながりを持たない閉鎖的な集団ではなく、オープン・ネットワークであったのです。一人一人が教会外の方々と親密につながると同時に、既存の社会的ネットワークにもつながっていく。そうして福音は広がっていったのです（水垣渉『初期キリスト教とその霊性』西部中会文書委員会、二〇〇八年、五二―六一頁）。

では、中世はどうでしょうか。なぜキリスト教はヨーロッパに深く浸透したのでしょうか。その最も大きな理由は、キリスト教信仰が、その時代の人々の究極的な問いに最も適切に答えられたからです。その問いとは何か。それは死の問題でした。中世のヨーロッパは、食物が絶えず不足し、医療もほぼなく、人々はいつも死の問題に直面していました。一四世紀のイングランドの平均寿命は二四歳、六割以上の子どもが一〇歳を超える前に亡くなっていました。中世の人々の最も切実な死の問題に、適切に答えられたのがキリスト教信仰でした。だからこそ、キリスト教は浸透していったのです（深井智朗『プロテスタンティズム』中公新書、二〇一七年、六―九頁）。

では、現代の日本の人々の究極の問いとは何なのでしょうか。人々にとって切迫した問題とは何であり、人々は何に脅かされているのでしょうか。伝道を考えるとき、このことを問うことが大切です。

もう一つ、歴史からの事例を挙げます。一七世紀の前半、ヨーロッパ大陸では三〇年戦争という長く悲惨な戦争がありました。これはドイツ帝国内で戦われた宗教戦争ですが、ドイツ以外の国も加わる国際的な戦争でした。これが何をもたらしたのでしょうか。制度的な教会に対する人々の失望です。宗教改革を経て、カトリックもプロテスタントも、自分たちの教理を整え、制度を整え、教会法を整えていました。しかしそのような整えられた制度的教会が、戦争に加担して、人々を悲惨な目に合わせたわけです。そうなれば、人々が教会に失望するのは当然です。制度的教会に対する反動が、一方では無神論や神秘主義として現れました。そうした中で、キリスト教の説得力をどこに求めたらよいのか。キリスト教の説得力は、個々人の敬虔（パイエティ）に支えられる他はありませんでした。教理の立派さや組織の立派さに説得力はなかったのです。このとき、キリスト教を支えたのは真に敬虔な人々でした。敬虔主義というものが力を持ったのです。

このことから考えさせられるのは、今日の日本においてキリスト教の説得力はどこに見出せるのかということです。好きな言葉ではありませんけれども、今の時代に日本で生きている人に対して、キリスト教のセールス・ポイントはどこにあるのかということです。どこに説得力があるのか。これも、伝道を考える上で非常に重要なことだと思います。

2　いかに伝道するか

西部中会七〇周年記念宣言は五つの項目からなります。それぞれに聖書の言葉を掲げ、御言葉の光の中で、その応答としての告白文が続きます。

第一項は「伝道への献身」です。ここには四つのポイントがあると言えます。

第一は「信徒の伝道」です。第一項は冒頭に主イエスの大宣教命令、「あなたがたは行って、すべての民をわたしの弟子にしなさい」を掲げて、続いて「イエス・キリストは、私たちを伝道へと遣わされます。私たち一人ひとりは、『創造・贖罪・復活・再臨』を伝える伝道の最前線に立っています」と告白します。一人一人が主イエスからの宣教命令を受け、そして遣わされている場で「伝道の最前線」に立っているという告白です。この自覚がどれだけあるのかということが、まず大事だと言えます。

信徒の一人一人はそれぞれの場に遣わされています。そこでいろいろな人との出会いがあり、さまざまな人と共に生きることになります。周りの人たちは、クリスチャンとはどういう人なのか関心を持って見ています。そしてそこで、誠実に生きているなら、信頼されるでしょう。そして信頼している人の話なら、耳を傾けてくれるのです。宗教に対する警戒心が高い時代です。ですから、人々はいきなり宗教の話に耳を傾けてくれません。信頼できる人の話でなければ、耳を傾けてはくれないのです。

その意味で、キリスト者の伝道の第一歩は、キリスト者としてそれぞれの現場で誠実に生きることです。しかし、誠実に生きることだけで満足していてはいけません。私たち一人一人は宣教命令を受けているのです。まず、生活の場の隣人のために、職場の隣人のために祈ることから始めなければなりません。彼らの救いのために祈らなければなりません。

そして信徒の伝道は何より「自分の救い」を語ることです。なぜクリスチャンになったのか。なぜ聖書の神を信じているのか。神を信じて生きるとは、自分にとってどういうことなのか。そういう自分の救いの体験、信仰の体験を語ることが、何よりも大切です。信頼している人の体験話ほど、人の心に届くものはありません。その上で、教会の礼拝にお誘いするのです。信徒がそれぞれの場での証しを通して、人々を教会に導くということがなければ、教会の伝道が進展することはありません。

第一項の第二のポイントは「確かな内容の福音を語る」ことです。宣言には「『創造・贖罪・復活・再臨』を伝える伝道」とありました。私たちの伝道は、狭い意味での魂の救いだけでなく、聖書の世界観・歴史観・人生観を伴ったものであることが大切です。

もちろん、魂の救いがその中心にあるのは言うまでもありません。しかし、聖書の救いは、もっと大きな広がりを持っています。救われたらそれで終わりではなく、神に造られた固有のユニークな存在として、主イエスの十字架によって和解した被造世界で、復活の命に生かされて、主の再臨に至るまで「神の国」の建設に携わる。そのような、トータルな、そして世界や歴史ともつながるスケールの大きい救いが、聖書の教える救いです。それを私たちは伝えていくのです。

第一項の第三のポイントは「教会活動全体を伝道の視点で問い直す」ことです。「問い直す」というのは具体的なことです。スローガンとしていくら「問い直す」と言っても、それがスローガンのままなら何も変わりません。伝道にとって、宣べ伝える福音の内容が第一です。しかし、それだけで良いわけではありません。改革派教会は、伝道についてのハウ・トゥー的なものを軽視する傾向がありますが、私たちは自分たちの立場が明確であるだけに、どんなものからも学ぶ自由が持てると思います。良いものを自分たちの文脈の中に取り入れて用いていく。そういう姿勢が求められているのではないでしょうか。

日本キリスト教団の中で、伝道について本当に熱心に語っておられるのは、東京神学大学元学長の近藤勝彦先生だと思います。彼は「教団、教会、牧師がその祈りと信仰的関心を向けるべき方向は『寝ても覚めて伝道』です」（近藤勝彦『日本伝道の展望』東神大パンフレット、二〇一三年、二七頁）と語り、福音派に負けないくらい伝道の方法論を強調しています（同書、二八頁）。そこで言われていることは、教会活動のすべてを伝道の視点で検証し、そして有効に実行していくべきだということです。私はこの主張に耳を傾けるべきだと思います。そして、教派を超えて、伝道方法についても学べることがあれば学び取る姿勢を持つべきだと思います。

第一項の第四のポイントは「礼拝を伝道の視点で検討する」ことです。信徒がどんなに伝道して人々を教会に連れてきても、また、教会がどんなに快適な空間になったとしても、伝道にとって礼拝が決定的であると言えます。改革派教会の伝道は礼拝中心であり、礼拝こそが最も効果的な伝道の場なのです。

では、伝道的な礼拝とは何なのでしょうか。率直に言えばそれは、「生き生きした礼拝」だと思います。御言葉と祈りと霊的な交わりに満たされた礼拝です。魂に届く言葉が語られ、喜びに満たされる礼拝です。そこに確かな喜びと慰めがある。そのような礼拝であれば、礼拝そのものが「伝道的」と言えるのです。

とりわけ重要なのが説教であることは言うまでもありません。私たちプロテスタントは言葉で勝負している宗教です。しかし、勝負ができるほど説教者が修練しているかという問題があります。パウロは、言葉が届いたときに何が起こるかを、コリントの信徒への手紙一に記しています。

「反対に、皆が預言しているところへ、信者でない人か、教会に来て間もない人が入って来たら、彼は皆から非を悟らされ、皆から罪を指摘され、心の内に隠していたことが明るみに出され、結局、ひれ伏して神を礼拝し、『まことに、神はあなたがたの内におられます』と皆の前で言い表すことになるでしょう」（Iコリ一四・二四―二五）。

言葉が届くとき、人々は「まことに、神があなたがたの内におられる」との告白に導かれるのです。言葉の力が後退している時代の中で、教会はどうなのでしょうか。教会では本当の意味で、人々に届く言葉、力ある真実な言葉が語られているのでしょうか。

届いていないとしたら、それはいったいなぜなのか。こういうことを、もし教会の中で、建徳的な意味で率直に話し合うことができるとしたら、私はそこから説教も礼拝も改革されていくのではないかと思います。牧師だけが悩む、あるいは信徒だけが悩むというのではなくて、深い信頼関係の中で、牧師と教会員が率直に話し合うことは非常に重要だと思います。

主の日の公同礼拝こそ「神の国の祝福の先取り」「天の国の前味」という性格があります。そこに確かに「天の国の前味」があるならば、そこにはこの世の他のどこにもない真の喜びと慰めがあるのです。それが、人々を魅了しないはずはありません。

新来会者が礼拝に出席して、ここには本当に何かがあると感じるか。魅力的な大切なものがあると感じるか。集っているキリスト者たちに魅力を感じるか。これが決定的なことなのだと思います。私は大学一年生のときに教会に行くようになったのですが、なぜ教会につながったのか。それは教会の人たちに魅力を感じたからでした。他にはない、喜びと明るさがそこにはありました。笑顔がありました。最初に教会に行き始めたとき、私はもちろんイエス・キリストのことはあまり分かっていなかったのですが、イエス・キリストを信じて生きている人たちに魅力を感じたのです。こういう明るさや笑顔を生み出している信仰とは何なのだろう。それを知りたいと思うようになりました。

二〇一七年に出版した『改革教会の伝道と教会形成』という本は、あとがきに記しましたように、私の恩師である安田吉三郎先生に献呈しました。安田先生が私の本を読んで御葉書をくださいました。こう書かれていました。「冒頭に記しておられる家庭の教会の姿は、私が最初に触れた神港教会の姿そのものです」。私が教会に惹きつけられた体験を読んで、自分も同じような体験をしたと言ってくださいました。さらに安田先生は「その頃の原体験を一生のよろこびとしています」と書いておられました。

教会にしかない魅力、礼拝にしかない魅力、キリスト者にしかない魅力。それを発揮することがなければ、伝道が進むことはありません。そこを真剣に考えることが何より大事ではないでしょうか。そういう話し合いが、教会でなされることが本当に不可欠ではないかと思います。

3　牧師・伝道者の問題

宣言の第二項は「伝道の担い手の養成」です。すべての信徒が宣教の使命を負っていますが、「イエス・キリストは、伝道の遂行のために、特定の人を御言葉の教師として召されます」。そして「伝道者・牧師としての教師のあり方は、教会の伝道に決定的影響」を与えます。

教会の問題の多くは、牧師の問題です。こういう言い方をすると、牧師に厳しすぎると思う方もあるかもしれませんが、私は少なくとも牧師の側はそれくらいの心構えでなければ、良い牧会伝道はできないと考えています。そして実際に、牧師の限界が通常教会の限界になります。それほど、牧師は教会にとって決定的なのです。

言葉を換えて言えば、伝道者自身がまず健やかでなければならないということです。第二項の冒頭に掲げたテモテへの手紙一、四章一六節で、パウロは述べました。

「自分自身と教えとに気を配りなさい。以上のことをしっかりと守りなさい。そうすれば、あなたは自分自身と、あなたの言葉を聞く人々とを救うことになります」。

パウロはテモテに対して、その教えだけに気を配りなさいと言ったのではありません。「自分自身と教えとに気を配りなさい」と命じました。つまり、伝道者としての自分自身がどうなのか、その実質が、その働きに直接影響を持つのです。教えだけが問題ではありません。正しく聖書を語り、教理を教えれば、それでOKかと言えば、そうではありません。パウロは伝道者自身のあり方が、その言葉を聞く人たちの救いに深く関係すると述べています。ですから、牧師・伝道者が健康でなければ伝道はできないのです。まさに「伝道者・牧師としての教師のあり方は、教会の伝道に決定的影響を与える」のです。

私は先に挙げた書物の中で、牧師の課題は大きく三つあると述べました。それは、預言者的課題と祭司的課題と王的課題です。預言者的課題とは、神の御言葉、神の御言葉の説教を語る課題です。聖書を正しく説き明かす、聖書の教理を教えることです。それは非常に重要ですが、牧師の課題の一部にすぎません。

祭司的課題とは、民を代表して神の前に立ち、民のために執り成しの祈りを捧げ、礼拝を司り、礼典を執行し、さらに神の民を牧会する課題です。この課題を果たすために牧師に求められているのは、霊性であり、また真に牧会的な対話ができることです。一人一人の魂に対する深い愛を持って牧会的なコミュニケーションができることが、この課題を果たすためには必要です。

第三の王的課題とは、教会を統治する課題です。教会共同体を内部的混乱から守るとともに、外的脅威から守る務めです。そのために牧師には健全な霊的リーダーシップがなければなりません。それがなければ、教会を健全に治めることはできません。

牧師はこの三つの課題をバランスよくこなすことが求められています。そのような伝道者を育てる課題が、神学校に課せられていると言えるでしょう。教会にとって牧師が決定的なのですから、「神学校もまた伝道の最前線」と言うことができます。

では、このような牧師をどのように養成したらよいのでしょうか。お分かりのように、勉強を教えるだけではだめなのです。それが非常に重要であることは確かです。しかし、伝道者としての「人」

を育てるためには、それを超えた訓練・修練が必要です。そこで大きな意味を持つのが、学生寮による共同生活であり、派遣教会での訓練なのです。

4　「キリストのからだ」としての教会

第一項と第二項は「伝道」についての宣言でした。続く第三項と第四項は「教会」についての宣言です。二つのキーワードによってあるべき教会の姿を示しています。第三項が「キリストのからだ」としての教会。そして第四項が「慰めの共同体」としての教会です。

聖書は教会を「キリストのからだ」と表現しています（Ⅰコリ一二・二七、エフェ一・二二―二三）。その頭《かしら》はイエス・キリストです（コロ一・一八）。からだにとって大切なのは、健やかであることです。健やかであるとき、その人は生き生きと、明るく、魅力的な存在となります。それは教会も同じです。

聖書は、「キリストのからだ」としての教会の健やかさについて、どのように教えているのでしょうか。第三項の冒頭にローマの信徒への手紙一二章三節から五節の御言葉を掲げていますが、そこに「わたしたちの一つの体は多くの部分から成り立っていても、すべての部分が同じ働きをしていないように、わたしたちも数は多いが、キリストに結ばれて一つの体を形づくっており、各自は互いに部分なのです」とあります。つまり、私たちのからだが異なった働きをする多くの部分から成りつつも、一つのからだとして統一的に動いているように、教会も、多様でありつつ一つであることが大切です。キリストのからだとしての健やかさは、「多様性と一致」にあると言ってよいでしょう。このバランスがとても大切です。

牧師・長老・執事といった役員が、与えられている務めを誠実に果たすことは大切です。しかし、役員が本来の務めを果たせば、それで教会は健やかだと言えるのでしょうか。それだけでは言えません。すべての部分が生き生きしなければ、健やかだとは言えないのです。

すべての部分が生き生きするためには、一人一人に与えられている賜物が、自由に発揮される面がなければなりません。その自由が、相応しい秩序の中で発揮される。そのときに、一つの体なる教会が健やかになるのです。

キリストを頭とするふさわしい秩序の中で、信徒の賜物がどれほど自由に用いられているか。そこが、教会が健やかであるかどうかを測る鍵だと私は思います。自由と秩序のそのバランスが崩れていないか、それをチェックすることが大切です。

教会での奉仕というのは、役員だけがするものではありません。役員の務めは、キリストのからだなる教会を健やかにすることです。その意味で役員は、教会員が各自の賜物を生かして生き生きと奉仕ができるようにすることが大切です。神様がその方に与えられた賜物が教会で生かされるように配慮することが、役員の務めです。

日本キリスト改革派教会の最大の特徴は、詳細な信仰規準を採用していることと、詳細な教会法（教会規程）を持っていることです。これほど詳細な教会法を持っている教会は、ほとんどありません。信条や教会法が詳細であるということは、何か人を不自由にするというイメージがあるのですが、そうではありません。これに抵触しなければ自由なのです。揺るがない土台があるから、むしろその上で安心して自由になれる、大胆になれると、私はそう思っています。むしろ、詳細な信条や教会法は、自由を与える土台だと私は思います。

問題はむしろ現実の教会の方です。西部中会は七〇年の年月を数えました。私は今、神学校で奉仕していますが、神戸市北区にある神学校の校舎は建てられてから二一年が経ちました。二〇年経てば建物はどうなるのでしょうか。いろいろと補修が必要となります。雨漏りも起こります。外壁も傷みますし汚れて黒ずんできます。水路の部分にはヘドロも溜まる。いろいろなところにひび割れも起こる。これは当然です。いわば二〇年の垢が溜まるのです。神学校は限られた予算と人員で、そういうことも含めて対応しているわけですが、教会はどうなのかということです。七〇年です。それを私たちは何より感謝して受け止めますが、しかし、七〇年の垢というものがやはりあるのではないかと思うのです。

私が好んで引用する言葉に、フランス・ルネサンスの研究者であった渡辺一夫先生の言葉があります。渡辺先生は人文主義（ユマニスム）を定義してこのように言われました。

「ユマニスムという字は、単に博愛的とか人道的とかいう意味にのみ用いられるよりも、人間が自分の作ったもの、現に自分の使っているものの機械や奴隷にならぬように、歪んだものを恒常な姿に戻すために、常に自由検討の精神を働かせて、根本の精神をたずね続けることにほかならないのではないかと考えております」（『フランス・ルネサンスの人々』岩波文庫、一九九二年、一九頁）。

人間が作ったものは、時と共にこわばっていく傾向があります。聖書に源を持っているものでも、人間が使っていればそうなっていく傾向を持ちます。最初は人間の益のためであったものが、いつのまにか人間を機械や奴隷のように扱うことが起こってくる。ですから、「歪んだものを恒常な姿に戻すために、常に自由検討の精神を働かせて、根本の精神をたずね続けること」が大切です。

七〇年を経過して、私たちは必要以上にこわばってしまっていることはないでしょうか。「これが改革派だ」と思っていることが、本当に改革派的なのか。そう問うことも必要なのではないでしょうか。聖書的とは何なのか、改革派的とは何なのか。それを「自由検討の精神を働かせて、根本の精神をたずね続けること」が必要なのではないでしょうか。ただ以前から続いていることが改革派的だと考えることが本当に正しいのか。実は、本質的でないことに縛られていることはないのか。そういう問いを立てること。建徳的に根本的な問いを立てて、教会を改革していくこと。それが本当に必要なのではないかと思うのです。

御言葉によって改革されていくためには、それを問う自由な空気、改革に取り組んでいく自由な気風が必要です。

健やかな教会には、ふさわしい秩序の中に喜びと自由があります。七〇年を経て、私たちは改めてそのような教会を目指していきたいと思うのです。

5 「慰めの共同体」としての教会

第四項は「慰めの共同体」としての教会です。教会が真に慰めの場であること。これは、生きることの厳しさが増している時代にあって、本当に大切なことです。

宣言の中では四つの点を取り上げています。第一は神礼拝です。神礼拝が本当の意味で、慰めの場となっているかということです。そして真の慰めは、福音によって与えられるものです。罪の指摘など厳しいことを言えば、慰めを欲している人々は教会に来なくなるなどと言われることがあります。しかし、そこで言われる慰めとは何でしょうか。本当の慰めは罪の赦しを語る福音から来るのです。そこが曖昧になってはなりません。その上で、礼拝が、また説教が、本当に人々の慰めになっているかが問われるのです。礼拝で、また説教で勝負できなければすべては無意味でしょう。御言葉を正しく語ればよいと、開き直ることは許されません。福音の言葉が届くときに、確かに慰めが与えられます。それが「慰めの共同体」としての教会の中心になければなりません。

第二は信徒の交わりです。教会が本当に喜びと慰めの場となるかどうかは、教会の交わりがどのような質のものであるかにかかっていると言えます。この世で与えられる交わりも大切です。しかし、キリスト者同士でなければできない交わりがあります。それは「祈り合い、赦し合う」交わりです。「二人または三人がわたしの名によって集まるところには、わたしもその中にいる」（マタ一八・二〇）と主は約束されました。イエス・キリストが共にいてくださる交わりこそが、真に喜びと慰めの場となります。

付け加えたいのは、真に慰めとなる交わりとは、一人に集中した対話によるということです。交わりの中で魂に本当に慰めが与えられるためには、距離を作らず、一人の魂に向き合って、対話をすることが不可欠です。じっと相手の話を聞き、理解し、そして自分がそれに応えるというより共に主を見上げて祈る。そうした交わりを、私たちは誰もが欲しています。そのような交わりが豊かであるとき、教会は慰めの共同体となります。

第三は「居場所を見出すことができる共同体」であることです。教会に居場所があるとは、いったいどういうことなのでしょうか。どうしたら人は、教会に居場所があると感じるのでしょうか。

パウロはコリントの信徒への手紙一で「あなたがたはキリストの体であり、また、一人一人はその部分です」（一二・二七）と語りました。私たちは一人一人、キリストのからだの部分であるということは、一人一人異なった賜物を与えられているということです。賜物・カリスマを与えられていない人は誰もいません。パウロが言うように「体の中でほかよりも弱く見える部分が、かえって必要なのです」（一二・二二）。

このことが「居場所がある」ということと密接につながります。つまり、教会の中で居場所があるとは、その人に与えられている賜物が、キリストのからだなる教会の中で本当に生かされているということです。先ほども言いましたが、牧師や役員の大切な役割は、自分が奉仕するだけでなく、ある意味それ以上に大切なのは、教会のすべての人の賜物を見つけてあげること、そしてそれが発揮されるように配慮してあげることです。すべての部分が生かされなければ、一つのからだが健康であることはできません。賜物には、目立つ／目立たない、大きい／小さいはあるでしょう。しかし、その人の賜物が生かされるときに、その人には本当の居場所が教会で与えられます。そして教会は、一つのからだとして健やかに歩むことができるのです。

第四の点は「弱さや苦悩を抱えた人が安心して教会生活を送れる」ことです。この関連で心に留めたい御言葉は、マルコによる福音書二章の最初に記されている、四人の男が中風の人を主イエスのもとに運んできた記事です。自分ではその弱さのゆえに主イエスに近づくことができない人を、四人の者が協力して、主イエスのもとに運びました。家の屋根を破るほどの強い情熱と一致協力によって、主イエスの前にその病人を差し出しました。そのとき主イエスは、病人ではなく、その四人の男の信仰を見て、罪の赦しと癒しを与えられました。これが教会における、弱者への配慮の基本線を教えています。

第一は、その目標は、その人を主イエスの前に連れていくことであること。

第二は、四人が一致協力して行ったように、一人で抱え込まないということ。協力体制の中で、弱い人たちへの配慮を行うこと。

第三は、主イエスが四人の男の信仰を見ておられたように、問われるのは弱者への配慮を行おうとする者たちの「主に対する信仰」であることです。

信仰と一致による弱者への配慮が教会に根付くとき、教会は本当に慰めの共同体となることができるのです。

6 国家に対する教会の使命

七〇周年宣言の第五項は「国家に対する教会の使命」です。個人的には、政治に関連する話が教会でなされることを好みませんし、早くそんなことを話題にしなくてもいい時代が来てほしいと思っています。しかし、現実はますます厳しくなっています。私が願うのは、少なくとも、かつて教会が戦中に犯した過ちを二度と繰り返さないことです。そのためには、聖書の教える原理と、教会の歴史を学ばなければなりません。

第五項は、大会の創立三〇周年宣言「教会と国家にかんする信仰の宣言」の内容を確認しているものです。三〇周年宣言はその序文にあるように、「聖書にもとづいて」「キリストの教会として固く立つ原理」を告白したものです。時代を超えた普遍的真理を明らかにしたものです。

そしてたとえ、聖書の真理を明らかにしたものであっても、時代と共にそれは忘れ去られていく危険があります。真理は絶えず確認され、告白され続けていく必要があります。その意味で、第五項で改めて取り上げています。

7　具体的提言

最後に、何点か具体的な提言をしたいと思います。

⑴率直に語り合おう

今後の教会を考えたとき、私は第一に、自由闊達に話し合いができる気風を作ることが大切だと感じています。私たちの教会には、詳細な信条、詳細な教会法という本当に堅固な土台があるのです。土台があるからこそ安心して大胆になれるのです。

「七〇年の垢」という言葉をあえて使いました。良い伝統もたくさんあります。しかし、教会には「人間の営み」という面がある限り、必ずそこで硬直化が起こります。そこから脱却するためには、改革派教会の原点を確認しつつ、自分たちのあり方を自由に検討し直すことです。改革し続けるためには、健全な自己批判の精神がなければなりません。そして率直に話し合うことが非常に大切です。信頼関係に基づく率直な話し合いができること。それが教会の前進のために非常に大切だと思います。

(2) 地域に開かれた教会を目指そう

第二は、地域に開かれた教会を目指すことです。日本は今後、世界史に類例のないような人口の減少と高齢化を迎えます。その中での教会のあり方を考えていかなければなりません。圧倒的に高齢者がたくさんいる社会の中で、教会はどういう存在になるのか。目指すのは「地域の霊的センターになる」ことだと思います。

神戸女学院大学の名誉教授に内田樹という方がおられます。その内田さんが、地域における宗教施設の重要性を強調しておられます。もっとも彼が期待しているのはお寺なのですが、考えさせられる面があります。次のように述べています。

「明らかに、宗教的、霊的な中核が存在するところに人々は集まってきます。開放的な場があって、そこで人々が出会い、ある種のケミストリーが起きて、新しい運動が始まる。そのための場を守る人がいる。代が変わっても、機能的には同一の人がその場を守り続けている。宗教者にとって大切な仕事の一つは『霊的センターである場を守る』ということだと思います。場を守る。霊的に開かれた場、霊的に清浄な場を守り続ける。周りがどれほど世俗に汚染されていても、そこだけは清浄だという場が人間には必要なんです」(内田樹『日本の覚醒のために』晶文社、二〇一七年、九一—九二頁)。

内田さんは、「現代日本人の宗教的感受性、霊的感受性を賦活し再生させるということが現代の宗教人にとって喫緊の課題」だと言います。そして彼は特にお寺に対する期待として、次のように言っています。

「地域の方たちが自由に出入りできて、一人で祈ったり瞑想したりすることができる場を提供して、それを安定的に持続する。霊的に浄化された空間を提供すること、それが宗教人にとっていまのところ最も優先順位の高い責務だろうと僕は思います。そこに来れば、心身が浄化され、鎮まる場所というものが身近にあるかどうかということは人々の日常生活に死活的に重要なことです」（同書、一〇九頁）。

お寺とキリスト教会は確かに根本的に違います。しかし、ここには私たちが考えなければならない課題があると思います。本当にそこに住む人たちにとって、開かれた霊的空間であることが、今後の伝道にとってやはり重要なことではないかと思うのです。あふれる高齢者たちが集まれる場、そして死というものを見据えて語り合うことができる場というものが必要なのではないか。それが伝道の大きな接点になっていくのではないかと思うのです。

しかし正直言いまして、現実の私たちの教会にとって、これは本当に難しいことです。なぜなら、教会堂の構造も、牧師のメンタリティ、教会員のメンタリティもそうではないからです。私自身もそれができるかといえば、本当に難しさを感じます。しかし、二〇年、三〇年先を見たときに、そういう方向性を考えていかなければならないのです。その認識が大切なのだと思います。

日本伝道会議が出版した『データブック　日本宣教のこれからが見えてくる』（いのちのことば社、二〇一六年）では、今後の伝道として、「宣べ伝える教会」から「地域に仕える教会」、さらに「地域と共に生きる教会」へのシフトが必要だと述べています。そして「そのためには、通過儀礼（特に葬祭）に現れている日本人の宗教的ニーズに対して、日本のキリスト教会が積極的に応えていくことから始めていく必要がある」（六六頁）と述べています。結婚式や葬儀を積極的に受けていくべきだということです。

今すぐに何かを始めることは難しいかもしれません。しかし、地域に開かれた、地域に仕える教会という方向で考えていくことは非常に大切です。そしてできることをまず模索していく。それが必要なのだと思います。

(3) 伝道協力の輪を広げよう

第三は「伝統協力の輪を広げる」ことです。二〇一七年九月に開催された長老執事委員の会の講演会で、吉田隆先生が西部中会の特徴として、教会の独立性・自律性が高いということを言われました。また、四国中会との関係の希薄さということも指摘されました。東日本では、東北・東部・東関東という三つの中会が協力伝道したり、合同の修養会をしたりしています。それに比べて、西日本はほとんど交わりがありません。

これは、今後の重要な課題だと思います。ご存知のように、西部中会の教会の多くは阪神間に集まっています。それ以外の地区との交わりが希薄になりがちです。さらには、隣に四国中会がありますが、中会の力が本当に弱っています。私たちは、中会の枠も超えて、西日本伝道協力ということを本気で考えなければならないところに来ていると思います。

さらに付け加えたいのは、韓国をはじめとするアジアの諸教会との交わり、伝道協力です。西部中会には既に、教会で働いてくださっている韓国人の先生方がたくさんおられます。本当に感謝です。

政治的な関係が難しくなっている中で、韓国やさらには中国のキリスト者とも交わりを深めていくことの意味は本当に大きいと言えるでしょう。

(4) 学び・集まる熱心を回復しよう

第四は、改めて「学びの熱心」「集会に集まる熱心」を回復したいということです。今後日本の社会が大きく変化し、教会もそれに対応して自らの変革が求められます。しかし、それだけに、自分たちの教会のアイデンティティがはっきりしていなければ、時代に流されることになりかねません。私たちは改めて、改革派教会とは何なのか、それを確認する必要があります。そして、信条や神学に対する学びの熱心さを再び回復したいと願います。集会に集まる熱心が、私たちの教会の一つの特徴だと思います。それが以前に比べて低調になっています。この熱心も回復したいと願っています。

8　さいごに

最後に、七〇周年記念ですので、聖書における七〇年の意義を考えておきます。

聖書の中で大きな役割を果たしている年限の代表は四〇年です。では七〇年はどうでしょうか。新約聖書には七〇年という数字は出てきません。しかし、旧約聖書では七〇年は意味のある数字として出てきます。そして一番大切な七〇年は、バビロン捕囚の期間が七〇年であったことです。

エレミヤ書二五章一一節には「この地は全く廃虚となり、人の驚くところとなる。これらの民はバビロンの王に七十年の間仕える」とあります。エレミヤ書二九章一〇節はこうです。「主はこう言われる。バビロンに七十年の時が満ちたなら、わたしはあなたたちを顧みる。わたしは恵みの約束を果たし、あなたたちをこの地に連れ戻す」。

ではイスラエルの民にとって、バビロン捕囚の七〇年は何を意味したのでしょうか。バビロンには神殿がありませんでした。それゆえ、犠牲の祭儀を欠いた礼拝形式が発達しました。動物犠牲を捧げる祭儀宗教から、悔い改めて祈りを捧げる「祈る宗教」に変化したのです。同時にこれは、祭儀中心の宗教から、書物による宗教への変化でもありました。加えて、異教社会の中で民の独自性を確保するために、割礼や安息日重視の傾向が強まったのです。

七〇年が経過し、捕囚が終わり、イスラエルの民はユダヤに帰りました。国を再建し、神殿を再建しました。第二神殿の完成は紀元前五一五年です。しかしその約六〇〇年後の紀元七〇年に、イスラエルは最終的にローマ帝国によって、国も神殿も滅ぼされました。

こうしてユダヤ人は離散の民になりました。しかしそれでユダヤ教は滅びたのかといえば滅びませんでした。神殿を中心としていたサドカイ派は滅びました。しかし、ユダヤ教自体は滅びませんでした。そして今日までユダヤ教は続いています。

実は、その今日まで続くようなユダヤ教の出発点が、あのバビロン捕囚の七〇年間にあったのです。つまり、祭儀中心から書物の宗教になっていたこと。また、儀式よりも悔い改めと祈り中心の宗教になっていたこと。異教社会の中で民の独自性を強調するあり方を身につけていたことです。それゆえに滅びなかった。このことから分かるのは、七〇年とは、歴史に堪えうるものを生み出すことができる年月だということです。

日本キリスト改革派教会は、この七〇年間で、歴史に耐えうるものとして何を生み出してきたのでしょうか。改革派教会の七〇年で生み出された歴史に堪えうるものとは何なのか。それは、歴史的改革派神学に堅固に立つ教会、そして本当に神の言葉を中心とした礼拝のあり方だと思います。時代の中で、教会も変化していくことが必要です。しかし同時に、歴史に堪え得ないようなものをあまり追いかけても仕方がありません。

歴史的改革派神学に堅固に立ち、神の言葉を中心とする礼拝を徹底して重視する。それが一番大切です。それは歴史に堪えられるものです。その上で、時代を見据えて、教会の改革をある意味大胆に考えるのです。

最後に強調しておきたいことは、私たちは決して負け戦をしているのではないということです。教会の将来を悲観する声は山ほど聞きます。しかし、私たちの戦いは負け戦ではありません。

第二次世界大戦終盤の一九四四年六月、イギリス軍はついにノルマンディー上陸作戦を開始しました。そのことを報告したイギリスのラジオは「今日はDデーである」と伝えました。Dはdecisionのdです。決定、解決という意味です。この戦争は、この上陸作戦が始まったことによって勝利が決まったということです。『アンネの日記』（文春文庫、一九七四年）にはこのラジオ放送を聞いたアンネの喜びが記されています（一九四四年六月六日）。

Dデーによって勝利は確実になりました。しかし、実際に勝利が実現する日（Victory Day）はまだ先です。それまでは、なお多くの厳しい戦いが続くのです。犠牲者も出るのです。しかし、既に勝敗は決している。確実な勝利を確信しつつ、戦っていくのです。

これが現在の私たちの戦いだと言えます。では、私たちにとってのDデーとは何でしょうか。イエス・キリストは言われました。「あなたがたには世で苦難がある。しかし、勇気を出しなさい。わたしは既に世に勝っている」（ヨハ一六・三三）。

イエス・キリストがすでに勝利してくださった日が、私たちにとってのDデーです。イエス・キリストがこの地上に来られ、十字架の上で贖いの死を遂げられ、そして三日目に死に勝利して復活された。これによって、私たちの勝利は確実なものとなりました。Dデーはすでに過ぎたのです。しかし、最終的な勝利の日、Vデーはまだ来ていません。それまでは、神に敵対する勢力との戦いがあります。苦しみもあります。しかし、勝利は決して揺るぎません。勝敗はすでに決している上での戦いにすぎません。

それがまさに、教会の戦いです。伝道の戦いです。負け戦ではない。勝利が確実な戦いです。終着点が見えていない戦いではありません。

確かに、私たちの生きる世界、社会の見える現実は厳しいです。また、教会の伝道の戦いも厳しく、悩みも深いでしょう。しかし、勝利は確実なのです。教会はイエス・キリストのものです。ですから、揺らぐことのない勝利が約束されています。

私たちはこの神の約束に堅く立ちます。そして、改革派教会としての神学的確信に堅く立ちます。まさに「ここに立って、踏み出す」のです。

七〇年間導いてくださった主イエスは、これからも私たちと共にいてくださいます。Vデーに向かっての戦いを、心新たにここから踏み出していきたいと願います。

付録　日本キリスト改革派教会西部中会創立七〇周年記念宣言

まえがき

一九九五年一月一七日の阪神・淡路大震災による被災体験は、安全神話に依拠していた物質生活を根本から見直す契機を西部中会に与えました。二〇一一年三月一一日、東日本大震災が起きました。私たちは、震災と津波による甚大な災害に遭遇し、改めて終末的な緊張感を欠いていたことに気づかされました。また、原子力発電所をめぐる問題等を通して、経済効率を至上とする社会の脆さを知りました。私たちは、今、正しく地を治めよという主の命令に従い、食べるにも飲むにもただ神の栄光を求め、神の国の完成を目指し、神にのみ依り頼む決意を新たにします。

西部中会の歩みは、太平洋戦争敗戦の翌年、一九四六年の大会創立の年と共に始まりました。一九七七年には三〇周年宣言を、一九九五年には五〇周年宣言を採択しました。創立七〇周年に至るこの二〇年間も、教会・伝道所の設立や契約の子への教育活動の充実など、教会の堅実な歩みが守られたことに感謝を覚えることができます。一方、教会員と礼拝出席者数の減少という厳しい現実に直面し、伝道の行き詰まりを認めざるを得ません。私たちは、その理由を安易に社会的要因に帰すのではなく、これを契機として自らを省みます。教会は未信者に届くように福音を語る熱意と知恵に欠けていました。また、主に仕える喜びを伝える信仰継承において力不足でした。これらの怠惰と無力を恥じ、その責任を主の御前に認め、ひざまずき、赦しを乞います。

社会に目を向けるとき、多くの人々が孤独感や将来への不安を募らせています。利便性が高いインターネット等による社会環境の変化は、人間関係のあり方に新たな課題を与えています。また、排外主義的なナショナリズムが生じ、その傾向を助長する政治の動きがあります。だからこそ、真の交わりを育む教会と、生きる希望を与える福音が、この社会に必要です。対立する民族・人種の和解、生きる意味の回復、労働の意義の確信、文化の価値の進展は、改革派信仰の世界観によってこそ可能です。

近畿、中国、九州・沖縄までを含む西部中会には、これらの地域に住む多くの人々に福音を届ける使命が委ねられており、そのために韓国をはじめとする外国の諸教会とのつながりも与えられています。各地域の教会が、それぞれの個性と賜物を活かしながら、共に協力して西部中会を新たに形成していきたいと願います。主よ、私たちを憐れみ、力づけてください。

私たち西部中会は、七〇年にわたる主の恵みに感謝し、今、神の御言葉に聴きつつ、次のことを告白いたします。

(1)伝道への献身

「わたしは天と地の一切の権能を授かっている。だから、あなたがたは行って、すべての民をわたしの弟子にしなさい。彼らに父と子と聖霊の名によって洗礼を授け、あなたがたに命じておいたことをすべて守るように教えなさい。わたしは世の終わりまで、いつもあなたがたと共にいる」（マタイによる福音書二八章一八―二〇節）。

イエス・キリストは、私たちを伝道へと遣わされます。私たち一人ひとりは、「創造・贖罪・復活・再臨」を伝える伝道の最前線に立っています。この認識を新たにし、主の日の礼拝と教会のすべての活動を伝道の視点で問い直します。また、私たちの日々の生活が、教会外の人に対して福音の証しとなるように努めます。そして、私たちは、伝道に邁進するべく自らを変革し、主の御委託に応えます。また、海外伝道にも目を向けるように努めます。主イエスは、教会内だけでなく、伝道の現場にいつもいてくださると、私たちは信じます。

(2) 伝道の担い手の養成

「自分自身と教えとに気を配りなさい。以上のことをしっかりと守りなさい。そうすれば、あなたは自分自身と、あなたの言葉を聞く人々とを救うことになります」（テモテへの手紙一、四章一六節）。

イエス・キリストは、伝道の遂行のために、特定の人を御言葉の教師として召されます。伝道者・牧師としての教師のあり方は、教会の伝道に決定的影響を与えます。それゆえ、伝道者を養成する神学校もまた「伝道の最前線」です。私たちは、大会立の神学校を地元にあって支え、卒業生を覚え、全国の伝道の進展を祈ります。また、神学生の霊的成長を間近で見守ることができる中会として、神学校の教育活動に積極的に協力します。主イエスは、必要とされる働き手をいつも送ってくださると、私たちは信じます。

(3)「キリストのからだ」としての教会

「自分を過大に評価してはなりません。むしろ、神が各自に分け与えてくださった信仰の度合いに応じて慎み深く評価すべきです。というのは、わたしたちの一つの体は多くの部分から成り立っていても、すべての部分が同じ働きをしていないように、わたしたちも数は多いが、キリストに結ばれて一つの体を形づくっており、各自は互いに部分なのです」(ローマの信徒への手紙一二章三—五節)。

イエス・キリストは、ご自分のからだなる教会を日々、育んでくださいます。そのからだを健やかに保つために、長老は魂への配慮に生き、執事は愛の業に仕えます。さらに、すべての信徒は、長老主義政治のもと、男性も女性も、若者も高齢者も、それぞれの召しと賜物に応じて献身します。そして、この教会の営みが次世代へと継承されていくために、教会役員の養成と聖書・教理教育に取り組みます。主イエスは、一人ひとりの小さな奉仕と学びを豊かに用いてくださると、私たちは信じます。

(4)「慰めの共同体」としての教会

「神は、あらゆる苦難に際してわたしたちを慰めてくださるので、わたしたちも神からいただくこの慰めによって、あらゆる苦難の中にある人々を慰めることができます。キリストの苦しみが満ちあふれてわたしたちにも及んでいるのと同じように、わたしたちの受ける慰めもキリストによって満ちあふれているからです」(コリントの信徒への手紙二、一章四—五節)。

イエス・キリストは、慰めの共同体として教会を建てられました。説教と聖礼典を中心とする神礼拝こそ、私たちの真の安息の場です。さらに、主の慰めは、共に祈り合い、赦し合う信徒の交わりを通して教会に満ちあふれます。私たちは、傷ついた魂が癒され、誰もが自分の居場所を見出すことができる共同体を作り上げていきます。特に、弱さや苦悩を抱えた人が、安心して教会生活を送れるように心を配ります。さらに、キリストの慰めが教会からこの世に満ちあふれるように努めます。主イエスは、教会を通してご自身の愛の豊かさにあずからせてくださると、私たちは信じます。

⑸国家に対する教会の使命

「神は、この力をキリストに働かせて、キリストを死者の中から復活させ、天において御自分の右の座に着かせ、すべての支配、権威、勢力、主権の上に置き、今の世ばかりでなく、来るべき世にも唱えられるあらゆる名の上に置かれました。神はまた、すべてのものをキリストの足もとに従わせ、キリストをすべてのものの上にある頭として教会にお与えになりました」（エフェソの信徒への手紙一章二〇―二二節）。

イエス・キリストは、教会の主であるのみならず、国家の主です。キリストは私たちが平穏で落ち着いた生活を送れるように国家的為政者を立てられました。それゆえ教会は、神が立てられた権威を尊重し、為政者のために祈ります。しかし、一方で、国家は神の主権を自らのものとする悪魔的性格を帯びやすいものです。私たちは、平和をつくりだす教会として、国家が神の御心を行うように預言者的務めを果たし、霊の戦いに常に備えます。主イエスは、国家と緊張関係にあるときも、主の許しがなければ、髪の毛一本も失われることがないように守ってくださると、私たちは信じます。

（祈り）

主よ、今、私たち西部中会は、七〇周年以降の歩みに踏み出します。私たちの果たすべき課題と責任は大きく、それに比して私たちはあまりに弱く無力な者たちです。主よ、私たちに知恵と力を与えてください。私たちが主の業のために献身することができるように励ましてください。主にある希望に満たされて、健やかで堅固な教会を建て上げ、西部中会が一つのからだとして、神の栄光をあらわすことができますように。また、いかなる時代が来たとしても、どこまでもイエス・キリストを主として歩んでゆくことができますように、いつも御言葉を聞かせてください。「終わりに、兄弟たち、喜びなさい。完全な者になりなさい。励まし合いなさい。思いを一つにしなさい。平和を保ちなさい。そうすれば、愛と平和の神があなたがたと共にいてくださいます。

主イエス・キリストの恵み、神の愛、聖霊の交わりが、あなたがた一同と共にあるように」（コリントの信徒への手紙二、一三章一一、一三節）。

アーメン

二〇一六年四月五日　定期中会

日本キリスト改革派西部中会

宗教改革の伝統——日本における受容と展開

1　はじめに

今回、宗教改革五〇〇年を記念して、日本キリスト教会と日本キリスト改革派教会の合同教職者会が開かれたことを感謝いたします。個人的にも、これまで日本キリスト教会からお招きをいただいて何度か奉仕をさせていただいたことがありますが、その都度、本当に良き交わりをいただき、神学的伝統の近さに基づく親しみを覚えました。

与えられた主題は「宗教改革の伝統——日本における受容と展開」です。このテーマに沿って、日本キリスト教会と日本キリスト改革派教会がどのように宗教改革の伝統を受容してきたのか、そして今、どのような課題を抱えているのか、さらには、両教会が今後の日本宣教にどのように向き合い、またその中でどのような協力の可能性があるのか、そういったことをお話しできればと思っています。

2　日本キリスト教会と日本キリスト改革派教会の中心的特徴

最初に、日本キリスト教会と日本キリスト改革派教会の中心的特徴は何かということを考えます。私の理解では、日本キリスト教会の中心的特徴は、植村正久によって形成された旧日本基督教会の伝統である「自主独立」の教会を目指した点にあると思います。

植村正久は、宗教改革の伝統、西欧プロテスタンティズムの伝統を継承しました。その意味で、日本の教会を特殊例外的な「日本的キリスト教」とすることを認めません。彼は、宗教改革の伝統を受け継ぐ正統な教会形成を目指したのです。

しかし一方で、彼は日本の教会が西欧プロテスタンティズムに対して、受動的地位に留まることをよしとしませんでした。受動的地位、あるいは寄生的地位に留まることなく、自主独立のキリスト教と教会を展開することを目指したのです。彼はキリスト教自体に進歩の余地を認め、その進歩に日本の教会も寄与すべきだと考えました（京極純一『植村正久』新教新書、一九六六年、四五頁）。

そのような植村の主張の背後には、彼のナショナリズムや社会観があるように思えます。彼は「武士道の精粋はキリスト教によって保全せらるべきを疑わず」（『植村正久と其の時代』第一巻、教文館、一九三七年、六一四頁）と述べました。また、植村は社会を改革する精神こそが「真正なる愛国の念」と考えますが、その「改革の精神」に土台を与えるのがキリスト教だと主張します。それゆえ、キリスト教こそが真の愛国心の源泉なのです（京極純一『植村正久』一〇一―一〇六頁）。教会は日本社会で「自由進歩の精神」を担う存在と位置付けられます。彼は「キリスト教の振るわざるは進歩主義の振るわざるなり。進歩主義の振るわざるは邦家衰退の兆しなり」（『植村正久著作集1』新教出版社、一九六六年、八九頁）と語っています。

このような、社会観を持つ植村が西欧プロテスタンティズムに対する受動的地位をよしとせず、「自主独立」の教会を目指したのは当然と言えるでしょう。そしてこの自主独立路線は、戦後創立した日本キリスト教会に基本的に継承されていると思われます。

では、一方の日本キリスト改革派教会の中心的特徴は何でしょうか。それは、徹底的に歴史的改革派神学に立とうとしたことです。創立者たちは、日本的要素を警戒しました。ある意味で日本的であることを排して、徹底的に宗教改革に遡る厳格に神学的な教会を建てようとしました。常に神学的に貫こうとしました。そして具体的には、そのような歴史的改革派神学に厳格に立っている諸外国の保守的な改革派長老派教会に倣おうとしたのです。ナショナリズムにつながるような自主独立は考えず、神学的な意味での教会の自立を求め、対社会に関しても、長老教会の伝統的な「教会と国家」論や、オランダ改革派教会の伝統に遡るカルヴィニズムで考えようとしました。つまりここでも、日本的要素から考えるのではなく、徹底的に歴史的改革派神学に立とうとしたのです。日本キリスト改革派教会の出発点は、そのようなものだったのではないかと私は思っています。

宗教改革の伝統の受容の仕方の相違は、この点にあると思います。宗教改革の伝統を受容しつつ自主独立を貫く路線と、徹底的に歴史的改革派神学に立つ路線です。ではこの相違が、具体的にどのように表されたのでしょうか。代表的な三つの点を挙げることができます。第一は信条の相違、第二は教会政治の相違、第三はミッション協力の姿勢の相違です。順に見ていきます。

3　両教会の信条の特徴

一九五一年に創立した日本キリスト教会は、一九五三年に信仰告白を可決しています。それは、旧日本基督教会の信仰の告白を改正したもので、形式としては、使徒信条に長い前文が付けられているいわゆる簡単信条です。『日本キリスト教会五〇年史』（日本キリスト教会歴史編纂委員会編、一麦出版社、二〇一一年）によれば、旧日本基督教会の告白を改正して、新しい信仰告白を制定したのは、「日本基督一致教会から、旧日本基督教会へと飛躍した根本精神」（一八九頁）そのものであると記されています。ご存知のように、日本基督一致教会は、ハイデルベルク信仰問答、ドルトレヒト信仰規準、ウェストミンスター信仰告白、同小教理問答を教会の信仰規準にしていました。日本基督教会はこれらをやめて、使徒信条に前文を付けたいわゆる簡単信条にしました。その改正の精神が一九五三年の信仰告白の作成に生かされていると言われます。つまり、旧日本基督教会の信条理解を基本的に継承していると言えます。すなわち、植村正久の信条理解を基本的に受け継いでいると言えるのです。

では、植村正久はどのような信条観を持っていたのでしょうか。植村は信条自体の必要性は肯定していました。「教会設立の目的」という文章の中で、彼は「教会の礼拝には信条の正しからんことを要す」（『植村正久著作集6』新教出版社、一九六七年、二四五頁）と述べています。しかし彼は、宗教改革時代に作成された詳細な信条を日本の教会が採用することに否定的でした。彼の信条観がよく表れている文章は、一八九〇（明治二三）年に『福音週報』に書かれた「信条制定に関する意見書」ですが、その中で彼は英米で起こっている神学議論を批判します。特にスコットランドで起きていたロバートソン・スミスを弾劾する議論や、マーカス・ドッズを批判する議論を取り上げてこう言います。「余輩はこれらの事実を見て、細密なる信条の幣、狭隘なる神学の害怖るべきを知れり」（同書、一一一頁）。彼は信条の細かい議論で対立している欧米の教会を見て、日本がそれに巻き込まれるべきではないと考えます。彼は言います。

「今の日本は伝道の日本なり。アウグスブルク、ドルトもしくはウェストミンスターの会議定盟を必要とするものにあらざるなり。今の日本は開国以来僅々《きんきん》三十年なりといえども、実に第一九世紀末にあたれる文明をもって自ら任ぜんと欲するものなり。日本国キリスト教徒も第一九世紀文物智識と馬首を並べて進歩せんことを期すものなり。この理由あるにもかかわらず、化石然たる信条を固守し、将来に争を起こし、分裂を生ずるの種子をこの伝道の春に播し置かんとするに至りては、余輩ますますその不可なるを知る。ゆえに曰く、日本国キリスト教徒は、その信条を成るべく自由寛大にして十分に進歩の余地を与え、協和の根基を固うせざるべからず」（同書、一一一―一一二頁）。

そして彼は一九二四（大正一三）年に「宣言もしくは信条」という文章を『福音新報』に掲載して次のように述べています。

「日本基督教会は明治五年に創立せられたとき、福音同盟会の九カ条をその信条として採用した。明治一〇年日本基督一致教会なるものを組織した場合には外国宣教師らに余儀なくせられて余り丁寧にもウェストミンスター信仰告白、キリスト教略問答、ハイデルベルク問答、ドルト教憲の四つを採用して殆ど首も回らぬ時宜であった。明治二三年日本キリスト者の実力ようやく発達してこの四筋の鎖を打ち切り、今のごとき簡明なる信条を自由に制定することを得たのである。かくのごとき歴史を有する日本基督教会は今日また更に一転機を見出すことが出来るに相違ない」（同書、一二九頁）。

こうして植村は、明確な時代認識を持って、日本基督教会の信仰告白を高く評価しました。そして戦後創立した日本キリスト教会は、この植村の信条理解を基本的に継承しているのだと思います。

一方、日本キリスト改革派教会は、ウェストミンスター信条を教会の信仰規準として採用しました。それはいたずらに、旧日本基督教会の簡単信条路線を否定したという意味ではありません。一八九〇年に作成制定された「日本基督教会信仰の告白」自体を否定する意図はありません。問題は、一九三〇年代の日本基督教会の歩みについての評価にあると思います。改革派教会の創立者たちは、一九三〇年代の日本基督教会の状況について、ある共通の問題意識を持っていました。それは、日本基督教会の神学的不一致ということです。小野静雄先生は当時の日本基督教会の中に「〈神学〉と〈反神学〉が鋭く対立していた」（『日本プロテスタント教会史　下巻』聖恵授産所出版部、一九八六年、二九三頁）と述べています。神学とは弁証法神学の立場ですが、反神学としては大別して三つの傾向がありました。それは①教会合同運動への熱心な傾斜、②事業主義的な伝道、③日本的キリスト教です（同書、二九六頁）。そして神学的な不一致に伴い、教会的な不一致が顕在化していました。時代認識についても、教会のヴィジョンについても一致を見出すことが難しくなっていたのです。

改革派教会の創立者たちは日本基督教会の教会性を、信条教会の方向に徹底することを願っていました（同書、三〇六―三〇七頁）。そのために、一九三〇年代に行われたのが「改革派神学運動」でした。この運動は、教派形成的な神学の展開を願った運動であったと言えます。しかし、時代の状況はますます逆の方向に進みました。一九三九年には「宗教団体法」が成立し、一九四一年六月に日本基督教団が創立されました。この段階では「部制」が敷かれ、その中でそれぞれの教派の信仰と伝統を存続させることになりました。しかし、部制は教団成立後二年足らずで廃止となりました（一九四三年三月末）。こうして教団は、信仰告白を持たないまま完全合同体制に移って行ったのです。部制は旧日基伝統の最後の拠り所でした。創立者たちが共通して言っていたことは、教会合同という事件によって日本基督教会の伝統が喪失するということがなければ、改革派教会を創立することはなかったということです（同書、二九〇頁）。また彼らが共通して、日本基督教会の福音主義にあきたらなさを覚えていたのは確かです。

一九三〇年代以降の日本基督教会、さらには日本基督教団の歩みを踏まえて、彼らは新教派においてはウェストミンスター信条を採用する必要があると判断しました。歴史認識に基づく判断でした。一八九〇年に日本基督教会がいわゆる簡単信条を作成したこと自体を否定する意図はありません。簡単信条の作成はある意味で健全な判断でした。しかし、一九三〇年代以降の教会の歴史を見たとき、簡単信条ではなく詳細な信条、それも最も優れていると判断できるウェストミンスター信条を採用することが最善だと考えたのです。

新しく生まれた改革派教会がウェストミンスター信条を採用したことには、当時、さまざまな批判がありました。有名なのは竹森満佐一先生が一九四九年に『福音と時代』（Vol.4, No.5, 1949）に発表されたものです。竹森先生はその中で、ウェストミンスター信条を採用したことは日本の現状に合わないと批判しておられます。そしてこう言われています。「日本において誠実に教会を建設せんと志す者が、ニカヤ信条を主張するのは、ニカヤ信条が教会建設の最低線でありかつ日本の現状がこれ以上を要求し得ない状態にあるからに他ならないのである」。

これに対して、創立者の一人松尾武先生は次のように反論しておられます。

「竹森氏は、ニカヤ信条を云うが、宗教改革以前の教理内容までででは、既に教会史に宗教改革的信条が与えられた今日、不十分である。何を好んでニカヤに止り、この途中のところに生命を賭けるか。我々は、若い日本の教会に於いて、かくの如き信条によるこの教会の樹立の可能を信ずるのであり、我等の教会の教職は、凡てその自覚を以てこの教理体系的訓練を教会に於いて為しつつあるのである」(『改革派世界』一九四九年五・六月号、一二四頁)。

松尾先生は「かくの如き信条によるこの教会の樹立の可能性を信じる」と語ります。また、「日基信条ができて既に半世紀以上を経た今日、当時はなお重過ぎた鎧であったウェストミンスター信条をこれは良い道具であるとして今、自発的にこれを採用するまでに進展したと言っても、あり得ないことではないのである」(一二四頁)と述べ、日本におけるプロテスタント史を踏まえた上で、すなわち、日基信条ができて既に半世紀以上を経たという歴史的重みを踏まえて、信条教会形成の可能性と意義を確認しておられるのです。

このように、一つの歴史認識に基づいて改革派教会はウェストミンスター信条を採用しました。日本キリスト教会は、異なる歴史認識に基づいて一九五三年に信仰告白を制定されたのだと思います。

それから、約七〇年が経過しました。私たちはそれぞれが自分たちの信条理解に基づいて歩んできた教会の歴史を持っています。その歴史をどう評価するかということと、これから教会の信条をどうしていくべきかという議論は一体のものです。七〇年を経て、おそらく私たちはそれぞれに教会の歩みを改めて検証すべき時に来ていると言えます。その際、共通の伝統を持ちながらしかし異なった信条理解で歩んできた私たちの相互の姿は、自分たちの歩みを考える、最も有効な教材なのだと思います。

信条の問題を、これまでの教会の歩みという歴史と切り離して理解しても意味はありません。歴史を検証しつつ、信条のあり方を検討する。そういう時期を私たちは迎えているのではないかと思います。

4　両教会の教会政治の特徴

日本キリスト教会と日本キリスト改革派教会の相違を、信条の相違に見ることが一般的であろうと思います。しかし、教会政治の相違もかなり大きいと私は思います。日本キリスト改革派教会の創立宣言では、長老主義について「旧日本基督教会は少なくとも法規上之を採用せるものなりき」と記しつつ、一方で「我日本基督改革派教会は之を純粋に実施せんと願うものなり」とあります。つまり、改革派教会の創立者たちは、旧日本基督教会の教会政治形態を長老主義と認めつつもその不徹底さを感じており、自分たちは純粋な長老主義を目指すと宣言しています。

一九五一年に創立した日本キリスト教会は、一九五三年の第三回大会で憲法・規則を制定しておられますが、『日本キリスト教会五〇年史』によれば「はじめから旧日本基督教会のそれを修正するものを制定することで良しとする意見が大勢を占めていた」（一七七頁）ようです。教会政治のあり方についても旧日基のあり方を引き継ぐということでした。では旧日基の土台を据えた、植村正久の教会政治理解というのはどのようなものだったのでしょうか。

一言で言うなら、植村は教会政治について弾力的な見解を持っていました。一九一八年八月の『福音新報』に掲載された「教会の合同」という文章の中で彼は、「教会政治は便宜の問題に属す」と述べ、さらにこう言っています。「聖書の言葉に特殊なる教会政治の基礎を求め、他の種類に属する制度や組織を異端左道の如く見る時代は過去の歴史に属す。時の必要に応じ、進歩の趨勢に鑑み、神国の隆昌を第一の目標として、教会政治の組織は取捨すべきものである」(『植村全集第5巻』植村全集刊行会、一九三三年、三九八頁)。

また一九〇五年六月の『福音新報』に掲載された「教会時事問答」の中ではこう述べています。「日本基督教会は外国のプレスビテリアン教会と一つのもので無い。日本基督教会である。然しその教会政治に於て長老を置くからこの点に於てプレスビテリアン政体である。しかし信仰箇条やその他の事から言うと西洋のプレスビテリアン教会と同じでない。又日本基督教会はいつまでもこのままでいると言う約束をした覚えもない。政体に於てはこれからどこまで変わって行くか、そのところは我々の保証する限りでない。聖霊の導く所どこへでも進んでいくと言う主義を尊ぶ。プレスビテリアン政体にどこまでもこびり着く考えの人とは全然反対である」(『植村全集第5巻』二八三—二八四頁)。

植村正久の教会政治理解は、このように弾力的なものでした。これに対して改革派教会は純正な長老主義を求めました。「長老主義が聖書的教会に固有なる政体なりと信ずる」と創立宣言で述べています。そして具体的には、アメリカの長老教会、とりわけ、南長老教会の教会政治に倣おうとしました。一九六四年の政治規準は、南長老教会の一九四五年版の Form of Government を基にしたものですし、訓練規定は南長老教会の The Rules of Discipline の翻訳と言ってよいものです。改革派教会の中でも、こうして詳細な政治規準や訓練規定を持つことについて批判的な意見もありました。しかし当時の責任者の一人であった安田吉三郎先生は、長老教会の中で長い年月をかけて整備された教会規則を取ることによって、教会法というものに習熟していくことが大切だと訴えています(『時報』一九六二年一月三一日)。

植村は「日本基督教会は外国のプレスビテリアン教会と一つのもので無い」と主張しました。これに対して改革派教会はまさに西欧のプレスビテリアン教会と同じような教会になろうとしたのです。教会政治というこの面においても、「宗教改革の伝統を受容しつつもあくまで『自主独立』を目指す路線」と、「ある意味徹底的に宗教改革に遡る歴史的改革派教会を建てようとする路線」との違いが表れていると言えます。

5　両教会のミッション協力の特徴

植村正久の主張した「自主独立」路線は、教会が組織上また実質的な自主独立性を備えることでした。すなわち、教会形成、伝道者の養成、また神学においても、外国教会や宣教師団から独立した自主性を維持すべきという主張でした。外国教会ミッションからの教会政治上・経済上の自給独立を選択しました。一九〇八年三月の日本基督教会大会における説教で彼は語っています。

「自給独立は日本基督教会年来の宿志なり。外国教会の伝道資金に補助を仰ぐは健全なる信仰の発達を害し、教会の活力を減殺し、その意気を消沈せしむるの虞あり」(『植村全集第2巻』植村全集刊行会、一九三一年、三二〇頁)。

そして、戦後成立した日本キリスト教会もこの「日本伝道は日本人の手で」という旧日本基督教会以来の自主独立の精神を確認し、継承しました(『日本キリスト教会五〇年史』一三二頁)。

一方、日本キリスト改革派教会は、ミッション協力に極めて積極的でした。創立大会に先立つ第一回西部中会(一九四六年一月)ですでに「米国南プレスビテリアン教会との提携」が協議されています。改革派教会は一九四九年の第四回大会で「対ミッション協力五原則」を決議しています。その三項から五項には次のように記されています。

「三、我教会は厳密にウェストミンスター基準に立つ一箇の自治教会として、如何なる外国ミッションとも唯信仰を同じくする故にのみ友好関係を結ばねばならぬ。

四、我教会の対外国ミッションとの友好関係は従属又は支配の関係でなく、自立の精神を確保しつつなされる協同又は援助関係でなくてはならぬ。

五、我教会と友好関係を保有している外国ミッションの宣教師であっても、我教会の教師に適用される信仰基準に拠り純正でないと中会が認めた場合は、其の宣教師との友好関係を断り得るの自由を保有する」。

あくまで信仰を同じくする教会同士で、そして決して従属や支配の関係にならないという約束の上で、積極的なミッション協力がなされました。南長老教会、北米キリスト改革派教会、正統長老教会とのミッション協力なくして、戦後の改革派教会の発展はなかったと言っても言い過ぎではありません。物質的経済的援助だけでなく、長い伝統に基づく多くの豊かな霊的遺産を与えられてきたと思います。

以上、宗教改革伝統の受容の仕方が具体的に表れている三つの点を見てきました。信条と教会政治とミッション協力です。私は日本キリスト教会の「自主独立路線」は、本当に禁欲的な路線だと感じました。そして高い志による路線だと思います。正直、植村正久というスケールの大きい人物には惹かれるものがあります。しかし、こうした志の継承を担保するのが、神学や制度ではなくて、人間に依っているという点に、ある弱さを覚えざるを得ません。失礼を省みずに言うとすれば、こうした大きな志は、スケールの大きな人物によってのみ継承されるのではないでしょうか。大物がいなければ、この路線を継承するのはなかなか大変ではないか、それが私の正直な思いです。

一方、改革派教会は、大物がいなくてもやっていける教会を目指しました。教会のアイデンティティは、神学や信条、教会規程によって確保していく。必要以上に人間に依存しなくてもやっていけるようにする。榊原康夫先生が『創立宣言の学び』という書物の中で「改革派は、どんぐりの背比べで、平凡なお互いが皆の手でやっていけるような教会形成を心がけてきました」（九三頁）と書いておられます。榊原先生のような、ある意味で大物がこう書いておられるのは、何とも皮肉にも聞こえるのですが、しかし彼が大物であったとしても、植村正久のようなスケールの人物とは全然違うと思います。改革派教会はとにかく、人ではなくて神学で行こうとした。そこに特徴があると思うのです。

6 両教会が交流する意味

では次に、宗教改革の伝統を異なった形で受容してきた両教会が交流する意義について考えてみます。

第一に、日本キリスト教会と日本キリスト改革派教会は、互いに、自分たち自身の教会のあり方を検討する最善の教材であるということです。神学的伝統が異なっていれば、その違いは、伝統の違いに帰せられます。しかし私たちは、改革派長老派の伝統を共有しています。しかし、その受容の仕方を異にしています。それだけに、お互いの存在は自分たちの姿を省みるための最善の教材となりうるのです。

信条理解の違いが教会に何をもたらしているのか。教会政治の理解の違いが教会に何をもたらしているのか。そしてミッション協力の違いが教会に何をもたらしているのか。私は、それぞれに良い点と悪い点があると思っています。私たちは違いを知って、自分たち自身の姿を再検討するのです。ですから、安易にあちらが良いとか、こちらが良いとか考えるのは意味がないと思います。真似ることも、おそらく実をもたらさないでしょう。むしろ私たちは、両教会の交流から考える材料を得、自分たち自身の教会の改革のための刺激を受けることが大切なのだと思います。

教会の営みも、ある面まさに人間の営みですから、いつの間にか、本質とは無関係な硬直した要素を抱えることになります。自由に議論して、検討してよいはずの事柄さえも、そういうことができない硬直化が起こる。最初の志から離れて、人間が作ったものの奴隷になるということが起こる。それは残念ながら教会でも避けられないのだと思います。

歪んだものを正していくためには、どうしても外からの刺激が必要なのですが、日本キリスト教会と日本キリスト改革派教会は、そうした刺激を与え合うことができる教会同士なのではないかと思います。

第二は、両教会は共通の課題に立ち向かうために協力ができるのではないかということです。

その第一は、対国家、対社会への対応です。それについては、それぞれの教会には蓄積があり、一致点は大きいと思います。こうした戦いは共闘することが大切ですが、この点では両教会は神学的に一致できる強みがあります。

第二は神学的な交流です。両教会は神学的スタンスにはやや違いがありますが、しかし交流することによって、それぞれの弱さを補うことができるでしょう。神学校同士では、隔年で講師を派遣して特別講義を行うという交流を始めています。それはとても意義のあることだと思っています。

第三は、伝道のための情報交換です。いずれの教会も伝道の困難を抱えています。しかし、それぞれに創意工夫しつつ伝道しています。伝道論の研究も必要かもしれませんが、それ以上に、効果的な伝道の事例を共有することができれば、意味があるのではないかと思います。

7　さいごに

日本キリスト教会も日本キリスト改革派教会も、教勢の低迷の中にあり、将来への大きな不安を抱えています。背後には日本社会の問題があります。人口減少、少子高齢化、過疎化、競争の激化、そして宗教に対する警戒感嫌悪感の蔓延などです。豊かな社会で、成熟社会でキリスト教が伸びるという事例は歴史上ほとんどありません。現在伸びている中国、カンボジア、アフリカなどには、貧しさがあり、抑圧があり、不自由があり、生活の苦しさがある。そうしたところでキリスト教は伸びています。

正直に言って、現在の日本でキリスト教が伸びる客観的条件はないと私は思います。もちろん、私たちは手をこまねいているわけではなく、祈りによって、知恵を絞って全力を尽くします。しかし、一方である覚悟もいるのではないかと思うのです。

その意味で私たちが本当に目指すのは、「本物のキリストの教会を建てる」ことに尽きるのだと思います。どんな時代になっても「本物のキリストの教会を建てる」。そしてもう一つは、教会が日本社会の「良心」と呼ばれるような存在となることです。正義と公正を目指し、それに生きている群れ。人間が本当に大切にされる群れ。愛がある群れ。どんな時代になっても、そういう群れとして生きるのです。そうであれば、人々は、その群れを見て神を知るようになるでしょう。

私の願いは、日本キリスト教会と日本キリスト改革派教会の交わりが、そのような「本物のキリストの教会を建てる」ことを励ますものであることです。そういう刺激を与え合うことです。それができれば、本当にすばらしい。そのような交わりがなされていくことを心から願っています。

ウェストミンスター信条を教会の信仰規準としている意味

1　はじめに

初めに、信条の位置づけについて、日本キリスト教団連合長老会と私が所属している日本キリスト改革派教会の比較をしておきたいと思います。「全国連合長老会規約」の第二条にこうあります。「全国連合長老会は聖書を基準とし、使徒信条、ニカイア・コンスタンティノポリス信条、アタナシウス信条、カルケドン信条に準拠し、改革教会の諸信仰告白に言い表された信仰を継承し、一八九〇年に制定された日本基督教会信仰の告白に基づいて、一九五四年に制定された日本基督教団信仰告白を告白する」。

聖書を基準とし、使徒信条、ニカイア・コンスタンティノポリス信条、アタナシウス信条、カルケドン信条といった古代信条に準拠し、改革教会の信仰を継承し、そして一八九〇年の日本基督教会信仰の告白に基づいて、「一九五四年に制定された日本基督教団信仰告白を告白する」という立場です。信仰告白としては日本基督教団信仰告白なのだと思いますが、関川泰寛先生が書かれた『二つの信仰告白に学ぶ』（全国連合長老会、二〇〇三年）を読みますと、一八九〇年の「日本基督教会信仰の告白」が実質的な信仰告白の意味を持っているということも知りました。一八九〇年の信仰の告白の立場に堅く立ちつつ、日本基督教団信仰告白を告白するという立場なのだと思います。

一方、日本キリスト改革派教会は、信条の位置づけについて次のように述べています。教会規程前文にある「日本キリスト改革派教会の憲法の構成」には次のように記されています。

「日本キリスト改革派教会の憲法は、信仰規準・教会規程の二部から成る。

信仰規準は、日本キリスト改革派教会信仰規準の前文を付したウェストミンスター信仰告白・大教理問答書・小教理問答書から成る。教会規程は、政治規準・訓練規定・礼拝指針から成る」。

信仰規準は「信仰規準の前文を付したウェストミンスター信仰告白・大教理問答書・小教理問答書」です。この「信仰規準の前文」というのは、一九四六年四月の日本キリスト改革派教会創立大会で成立した創立宣言の中に含まれているもので、改革派教会の信条理解が簡潔に記されているものです。そして、なぜ日本キリスト改革派教会がウェストミンスター信条を信仰規準として採用したかの理由もそこに記されています。いずれにせよ、改革派教会は、一七世紀に英国で作成されたウェストミンスター信条という非常に詳細なものを教会の信仰規準として採用したのです。

連合長老会も日本キリスト改革派教会も、改革派長老派の伝統を受け継ぐという点では共通しています。しかしその受け継ぎ方には違いがあります。改革派教会は、いわばストレートに宗教改革時代の信条を、教会の信仰規準として採用しています。一方連合長老会は、一八九〇年の告白に流れ込んでいる改革派長老派伝統を、いわば間接的に継承しているということになるのでしょうか。

関心があるのは、この相違が、具体的な教会形成にどのように反映されるのかということです。私は、どちらかが正しく、片方は間違っているというふうには考えません。それぞれが、その教会の歴史を負いながら、誠実に神の教会を建てようと苦闘して歩んできたのだと思っています。それだけに、同じ伝統を持ちつつも、違う歩みをしてきた教会の姿を互いに知ることには、大きな意味があると思います。

2　なぜウェストミンスター信条を採用したのか

(1)歴史的経緯

日本キリスト改革派教会が、その創立に当たってウェストミンスター信条を教会の信仰規準として採用した、その歴史的経緯について簡単に説明します。

日本キリスト改革派教会は、一九四六年四月二八日に創立大会を開き、そこで教会の信仰規準をウェストミンスター信条とすることを採決しています。創立に参加した教師たちはいずれも旧日本基督教会に所属し、その後日本基督教団に加わった教師たちでした。この新たに生まれた新教派がウェストミンスター信条を採択した理由として、次の三つを挙げることができます。

第一は、一九三〇年代の日本基督教会の状況についての理解です。創立者たちはその経験を共有し、ある共通の問題意識を持っていました。それは、日本基督教会の神学的不一致です。『日本プロテスタント教会史』（上下巻、聖恵授産所出版部、一九八六年）を書きました小野静雄先生は、当時の日本基督教会の中に「〈神学〉と〈反神学〉が鋭く対立」（下巻、二九三頁）していたと述べています。この経験が、創立者たちに共通の問題意識を生み出していたと言えます。

第二に、創立者たちは日本基督教会の教会性を、信条教会の方向に徹底することを願っていたことです（同書、三〇六―三〇七頁）。日本基督教会をその方向に変えることを願っていました。しかし、時代の状況はますます逆の方向に進みました。一九三九年には「宗教団体法」が成立し、一九四一年六月に日本基督教団が創立されました。当初は「部制」が敷かれ、その中でそれぞれの教派の信仰と伝統を存続させることになりましたが、部制は教団成立後二年足らずで廃止となりました（一九四三年三月末）。こうして教団は、信仰告白を持たないまま完全合同体制に移っていったのです。部制は旧日基伝統の最後の拠り所でした。旧日基伝統の喪失が、第二の大きな要因です。

第三は、創立者たちは日本基督教会の福音主義のあいまいさに飽き足らなさを覚えていたことです（同書、三〇五頁）。旧日本基督教会の流儀は、植村正久によって敷かれたと言ってもよいでしょうが、彼は「教会の信仰的立場は広い方が良い」という見解を持っていました。しかしこのことが、日基の神学的不一致を生み出していたと言えなくもありません。創立者たちは、広いあいまいな福音主義ではなく、聖書的な教会を最も純粋な形で形成したいと願いました。それゆえ、簡単信条ではなく、詳細で最も完備していると考えたウェストミンスター信条を教会の信仰規準とすることにしたのです。

以上が、改革派教会がその創立の際に、ウェストミンスター信条を採用した歴史的経緯です。

(2) 信仰規準前文にある「信条理解」

では、その改革派教会の信条理解とはどのようなものなのでしょうか。それが最も簡潔に記されているのが、創立宣言に含まれている「日本キリスト改革流教会信仰規準の前文」です。次のようなものです。

「神ガ己ノ教会ニ与ヘ給ヒシ神ノ言ナル旧新両約ノ聖書ハ教会ノ唯一無謬ナル経典ナリ。聖書ニ於イテ啓示セラレタル神ノ言ハ教会ニヨリ信仰告白セラレテ教会ノ信仰ノ規準トナル、是教会ノ信条ナリ。教会ハ古ヘヨリ使徒信条、ニカヤ信条、アタナシウス信条、カルケドン信条ナル四ツノ信条ヲ教会ノ基本的、普遍的信条トシテ共有シ来レリ。宗教改革時代ニ至リ、改革派諸教会ハ其等諸信条ノ正統信仰ノ伝統ニ立チ且ツ是等ニ止ラズシテ純正ニ福音的、否全教理ニ亘リ更ニ純正ニシテ且ツ優レテ体系的ナル信条ノ作成ニ導カルルニ至レリ。其ノ三十数個ノ信条ノ中ニテウエストミンスター信仰基準ハ聖書ニ於イテ教ヘラレタル教理ノ体系トシテ最モ完備セルモノナルヲ我等ハ確信スルモノナリ。我等日本基督改革派教会ハ我等ノ言葉ヲ以テ更ニ優レタルモノヲ作成スル日ヲ祈り求ムルト雖モ此ノ信仰規準コソ今日我等ノ信仰規準トシテ最適ノモノナルヲ確信シ讃美ト感謝ヲ以テ我等ノ教会ノ信仰規準トス」。

この前文には次のような主張が明確です。

第一は、聖書についての強い確信です。「神ガ己ノ教会ニ与ヘ給ヒシ神ノ言ナル旧新両約ノ聖書ハ教会ノ唯一無謬ナル経典ナリ」とあるように、聖書が神の言葉であることを教会の土台に据えています。

第二は、聖書を神の言葉として告白する教会は、必然的に信仰告白を生み出すという主張です。「聖書ニ於イテ啓示セラレタル神ノ言ハ教会ニヨリ信仰告白セラレテ教会ノ信仰ノ規準トナル、是教会ノ信条ナリ」とあるように、教会は聖書との関係で信条を生み出すという、聖書と教会と信条との不可分離の関係が告白されています。

第三は、宗教改革時代に作成された改革派諸信条は、使徒信条、ニカヤ信条、アタナシウス信条、カルケドン信条の四つの基本信条を引き継ぎ、その正統信仰をさらに発展させたものであるとの主張です。「宗教改革時代ニ至リ、改革派諸教会ハ其等諸信条ノ正統信仰ノ伝統ニ立チ且ツ是等ニ止ラズシテ純正ニ福音的、否全教理ニ亘リ更ニ純正ニシテ且ツ優レテ体系的ナル信条ノ作成ニ導カルルニ至レリ」とあるとおりです。

第四は、その改革派諸信条の中で、ウェストミンスター信仰規準こそが「聖書ニ於イテ教ヘラレタル教理ノ体系トシテ最モ完備セルモノ」との確信です。ウェストミンスター信仰規準こそが、聖書の教えを最も純粋に、最も体系的に教えているとの主張です。

第五は、このウェストミンスター信条こそが、日本キリスト改革派教会の信条として最適であるとの確信です。旧日本基督教会は、使徒信条にプロテスタント福音主義の原理を表明した前文を付けた簡単信条を採用していました。これに対して、改革派教会は、このような簡単信条では、この国に真の改革派教会を建設することはできないと考えて、実際的な判断としてウェストミンスター信条を最適だと考えたのです。

第六は、新しい信条の作成を目指す姿勢を明確にしていることです。「我等日本基督改革派教会ハ我等ノ言葉ヲ以テ更ニ優レタルモノヲ作成スル日ヲ祈リ求ムル」とあり、「御言葉によって常に改革され続ける教会」は、それゆえ新しい信条作成に向かうという主張がここにはあります（参考『改革教会信仰告白集』教文館、二〇一四年、七〇八―七〇九頁）。

信条についてのこの基本理解は、今日も変わりません。というより、ここに日本キリスト改革派教会の根本的主張が述べられていると言えます。教派的一致の基礎がここにあると言っても言い過ぎではないでしょう。

(3)竹森満佐一と松尾武

このような信条理解に立ってウェストミンスター信条を採用する教会として、改革派教会は創立されました。それに対して、当時、外部からのさまざまな批判にさらされました。中でも注目に値するのは、竹森満佐一先生による改革派教会批判です。

一九四九年五月に出版された雑誌『福音と時代』(Vol.4, No.5, 1949)に竹森先生は「改革派教会――プロテスタント教会のあり方(五)」という文章を発表され、その中で改革派教会批判を展開されました。竹森先生の批判は、大きく三つに分けられます。第一は「改革派」という名称の問題。第二はウェストミンスター信条を採用したこと。第三は聖書論です。ここでは第二の点を取り上げます。

改革派教会がウェストミンスター信条を採用したことについて、竹森先生は三つの点で批判しています。第一は、日本の現状に合わないという批判です。こう述べておられます。

「その様にこの信条を細部にいたるまで遵守し得る教会がどれほどあるかが問題なのである。細部にいたる暴論を許さぬとすればおそらくどこにおいてもこの信条による教会を建設することは難しいのではあるまいか。……殊に我々が強調したいのは、日本のような若い教会においてかくの如き信条による教会の訓練が果たして可能であろうかどうか。たとえば日本改革派教会において信徒は勿論教職さえ、その凡てがこの信条を理解しその上で告白しているであろうか。我々は遺憾ながらそれが非常に困難であるという印象しか受け取ることが出来ない。日本において誠実に教会を建設せんと志す者が、ニカヤ信条を主張するのは、ニカヤ信条が教会建設の最低線でありかつ日本の現状がこれ以上を要求し得ない状態にあるからに他ならないのである」（二八―二九頁）。

「日本のような若い教会においてかくの如き信条による教会の訓練が果たして可能」か。困難ではないか、という批判です。そして、日本の現状からすれば、ニカヤ信条が最低線ではないかと主張しておられます。

ウェストミンスター信条を採用したことの第二の批判点は、改革派教会の性質の問題、すなわち、「非寛容」で「硬直」ではないかという指摘です。

竹森先生は、本来の改革派教会は、各国それぞれの事情に応じて国民教会を建設するものであり、その各教会が置かれた場所において信仰告白が出されると言われます。しかし、日本キリスト改革派教会は、ウェストミンスター信条という煩瑣な告白をこの訓練の少ない国に押し付けようとしており、本来の改革派教会のあり方とは違うと主張し、次のように述べておられます。

「従ってここには、国際的な教会指導者であったカルヴィンがした様な広い連絡すなわち合同教会への構想は望むべくもない。信条の主要ならざる細部にいたるまで厳密に規定されたところではかかることは考えられないからである。日本改革派の人々は、日本基督教会の嘗てもっていた様な寛容さを理解し得ない様であるが、そこに今日の問題の様な信条的理解の欠如はあったと考えられるが、一方この国の現状に即した教会建設のための謙遜な努力があったことを見逃してはならないと思う」（二九頁）。

改革派教会の理解では、カルヴァンが持っていたような合同教会への構想は望むべくもない。日本基督教会がかつて持っていた寛容さを理解しない。そのような非寛容で、独善的な教会であるとの批判です。

ウェストミンスター信条を採用したことの第三の批判点は、信条と教理・神学との関係に関する批判です。こう述べておられます。

「このような立場から日本改革派の主張を検討すると次に明らかになってくるのは信条と教理、神学との関係である。ウェストミンスター信仰告白及大小の教理問答を厳密に用いようとすれば、信条はもはや普通の意味における信仰の告白ではなく、かなり厳しい教科書になってしまうのではなかろうか。信条と教理と神学とがどのような関係に立つかは学問的にも必ずしも一致した意見はないかも知れない。しかしこれらのものが全く一つになってしまうことは決して健全でもなければ『改革派的』ともいうことは出来ないであろう。神学は聖書に基いて絶えず厳正な批判をなし得る立場にあるのでなければ神学の問をなすことは出来ない。前掲のホルの言葉でも明瞭な様にもしも改革派の伝統にふさわしく聖書を重んじようとするならば、少なくとも信条に対しては自由な立場を保ち得る神学の立場が必要である。しかるに日本改革派においては、教理主義の徹底のためにこの点が甚だしく困難である様である」（三二〇頁）。

教理主義の徹底のために、聖書に基づいて信条を批判的に検討する自由が失われているのではないか、その意味での神学の立場がないのではないか、という批判です。

以上のような竹森先生の改革派教会批判に対して、創立者の一人松尾武先生が反論を書かれました。「『改革派教会』論を読みて」という論文が『改革派世界』の一九四九年五・六月号に発表されました。

この中で、竹森先生の三つの批判点についてそれぞれ応答しておられますが、特にウェストミンスター信条を採用したことの批判への反論に力点を置いています。

竹森先生が「ニカヤ信条が教会建設の最低線でありかつ日本の現状がこれ以上を要求し得ない状態にあるからに他ならない」と述べられたことに対して、松尾先生は「日本の現状とは一体何を指すのであるか。既成の教会的現状か、未信者の現状か、いずれにしても日本にはプロテスタント教会が建つには時期尚早であるというのであるか」（二一頁）と、反論しています。ニカヤ信条以上が無理だということになれば、日本ではプロテスタント教会を建てることは無理ということになりかねません。

そして松尾先生は次のように述べておられます。

「竹森氏は、ニカヤ信条を云うが、宗教改革以前の教理内容までては、既に教会史に宗教改革的信条が与えられた今日、不十分である。何を好んでニカヤに止り、この途中のところに生命を賭けるか。我々は、若い日本の教会に於いて、かくの如き信条によるこの教会の樹立の可能を信ずるのであり、我等の教会の教職は、凡てその自覚を以てこの教理体系的訓練を教会に於いて為しつつあるのである」（二四頁）。

松尾先生は「かくの如き信条によるこの教会の樹立の可能性を信じる」と語ります。また、「日基信条ができて既に半世紀以上を経た今日、当時はなお重過ぎた鎧であったウェストミンスター信条をこれは良い道具であるとして今、自発的にこれを採用するまでに進展したと言っても、あり得ないことではないのである」（二四頁）と述べ、日本におけるプロテスタント史を踏まえた上で、すなわち、日基信条ができて既に半世紀以上を経たという歴史的重みを踏まえて、信条教会形成の可能性と意義を確認しておられるのです。

竹森先生と松尾先生のこの論争は、教団に残られた長老派とそこから離脱して新教派を結成した改革派教会の相違を確認する上で重要です。改革派教会は、あえてウェストミンスター信条を取る教会形成を目指しました。それを神学的に、また歴史的に確信して、この道に踏み出しました。信条に立つ、神学的な教会を建てる、それが日本キリスト改革派教会の変わることのないアイデンティティと言ってよいでしょう。

しかし同時に、改革派教会は、竹森先生の批判をいつも意識する必要があるのだと思います。ある意味で、竹森先生の批判点は、改革派教会が陥りやすい点を指摘しているとも言えます。

「日本の現状に合っているか」という批判に対して、改革派教会はウェストミンスター信条を日本の教会、キリスト者に、現実に適応する努力を怠たらないことで応えなければなりません。

「自己肯定的な非寛容に陥っているのではないか」という批判に対して、閉鎖的な自己肯定的姿勢を持たず、むしろ真理を確信するがゆえの開かれた自由さ、謙虚さを、教会の現場で実現していかなければなりません。

そして「教理主義ではないか」という批判に対しても、信条はあくまで聖書の絶対的権威に基づく相対的権威を持つに過ぎないという立場で、健全な神学を展開していかなければなりません。

旧日基の伝統を共有する私たちが分かれてから、既に七〇年以上が経ちます。かつては、竹森先生と松尾先生の間のように、厳しい批判合戦もなされましたが、今は、お互いの違いを知ることでむしろ、互いの長所と短所を知り、それによって互いに豊かになる関係を築いていけるのだと思います。

3　ウェストミンスター信条を採用している実質的意味

以上のように、日本キリスト改革派教会は、ウェストミンスター信条を教会の信仰規準として歩んできました。では、ウェストミンスター信条を教会の信仰規準とするとは、実質的にどのような意味を持っているのでしょうか。ウェストミンスター信条が具体的に教会でどのように用いられ、機能しているかということです。

⑴日本キリスト改革派教会「訓練規定」上の規定

最初に日本キリスト改革派教会の憲法の中でどのように記されているかを見てみます。改革派教会の憲法は大きく「信仰規準」と「教会規程」に分けられ、「教会規程」の中に、政治規準・訓練規定・礼拝指針の三つがあります。訓練規定には、戒規の対象となる違反を定義する第一〇条に次のように記されています。

「裁判手続きの固有の対象となる違反は、キリストに対する信仰を告白した教会員が信仰または生活において神の言葉に違反することである。ウェストミンスター信仰告白、大・小教理問答書は、政治規準、訓練規定および礼拝指針とともに、信仰と実践に関する聖書の教えの規準的注解として、日本キリスト改革派教会によって承認されている。従ってこれらの規準書において解釈されたところの聖書によって違反として立証することができないものは、いかなる教会会議によっても違反あるいは、告訴事件として認められてはならない」。

戒規は聖書によって違反と立証されることが必要ですが、その聖書解釈の規準的注解がウェストミンスター信条とされます。戒規はあくまで聖書によって罪と認定されるものに対してなされるものですが、聖書解釈には当然さまざまな見解があります。その中で、教会が、これが聖書の教えの要約として公に認めているのが信仰規準です。それゆえ、信仰規準が戒規処分に当たっての聖書の教えの規準的注解になります。戒規処分と信仰規準が結びついていることが大きな特徴だと言えます。

(2) 日本キリスト改革派教会「礼拝指針」上の規定

次に礼拝指針ですが、次のような箇所で信仰規準が用いられることが規定されています。

①幼児洗礼の際の親への勧め

牧師は幼児洗礼を受ける幼児の親に対して、いくつかの義務を果たすように勧めますが、その中の一つに次のような定めがあります。

「旧新約聖書にあるキリスト教教理を教えること、その際、わたしたちの教会の信仰規準であるウェストミンスター信仰告白・大小教理問答および、参考として、ハイデルベルク信仰問答やジュネーヴ教会信仰問答などを用いること」(第五六条)。

②信仰告白者のための教育

幼児洗礼を受けた教会の子どもの信仰教育について、次のように定められています。

「教会の子どもの信仰教育については、特にわたしたちの教会が採用している教理問答書を用い、主の祈り・使徒信条・十戒・礼典についての知識と理解を豊かにされることが望まれる」(第六四条)。

③聖餐式における奨め

聖餐式の際に、牧師は制定の御言葉を朗読すると同時に、その礼典の意味を説明することがあります。その際に、信仰規準を用いることが定められています。

「聖餐式にあたって、牧師は、福音書またはコリントの信徒への手紙一、一一章から制定の御言葉を朗読する。また、制定の御言葉から、あるいは、ウェストミンスター信仰基準やハイデルベルク信仰問答などを用いて、この礼典の性質と意味を適切に説明し、教える」（第七六条）。

④結婚における牧師の指導

結婚における指導についても、次のように定められています。

「牧師は、結婚を願っている者たちに、ウェストミンスター信仰告白第二四章と礼拝指針本章に示されているわたしたちの教会の結婚観を教える」（第九四条）。

⑤教会教育の基本教材

教会教育の教材として、次のように定められています。

「キリスト者の訓育の基本的な教材は、旧新約聖書とウェストミンスター信仰基準および、参考としてハイデルベルク信仰問答やジュネーヴ教会信仰問答などである。教会は、聖書を教える教育プログラムを選択し、わたしたちの教会の信仰規準をはじめ、主要な教材を備える作業を行う。大会と中会は、親と教会に用いられる適切な教材を推薦する」（第一〇九条）。

⑥親の子に対する教育

子に対する教育の責任は親にありますが、それについて次のように定められています。

「子どもの訓育に関して責任を負う者である親は、ふさわしいやり方で、聖書と教理問答を子どもに教える」（第一一一条）。

以上のように、教会の信仰規準であるウェストミンスター信条は、改革派教会の教理教育・信仰生活教育の基本的教材として、教会の礼拝・教会学校のみならず家庭においても用いられることが求められています。

⑶日本キリスト改革派教会「政治規準」上の規定

次に「政治規準」ですが、政治規準の中でウェストミンスター信条に直接関連する規定はわずかしかありません。教会規程前文の中で、一部引用されているだけです。

しかし、決定的な意味を持つ規定が付則にあります。付則には、教会におけるさまざまな誓約の言葉が集められていますが、教師任職式、教師候補者の説教免許授与式、また長老・執事任職式の誓約の中に、教会の信仰規準に対する誓約が含まれています。次のような誓約です。

①あなたは、旧・新約聖書が神の言葉であり、信仰と生活の唯一の誤りなき規準であると信じますか（Do you believe the Scriptures of the Old and New Testaments to be the Word of God, the only infallible rule of faith and practice?）。

②あなたは、私たちの教会の信仰規準を、聖書の真理を体系的に示すものとして誠実に受け入れますか（Do you sincerely receive and adopt the Confession of Faith and Catechisms of this Church, as containing the system of doctrine taught in the Holy Scriptures?）。

では、教会員の誓約はどうでしょうか。成人洗礼を受ける際、未陪餐会員が信仰告白をする際、他教派の会員が改革派教会に加入する際の誓約の言葉がいずれも同じですが、そこには信仰規準に対する誓約はありません。陪餐会員になるための誓約と、役員になるための誓約には違いがあることも、長老教会の一般的な特徴です。

陪餐会員になるために求められる誓約は六項目ありますが、最初の四項目は基本的なキリスト教信仰に対する誓約事項です。ウェストミンスター信条を自分の信仰告白にしなければ改革派教会の会員になれないということはありません。第五項目は、最善を尽くして、礼拝を守り、奉仕し、献金をすることの誓約。そして第六項目にはこうあります。

「あなたは、日本キリスト改革派教会の政治と戒規とに服し、その純潔と平和とのために努めることを、約束しますか」。

この誓約は、改革派教会の会員になるに当たって、改革派教会がその憲法に従って運営されるというその秩序を受け入れる誓約だと言えます。信仰規準に対する直接的な誓約はありません。しかし、信仰規準に基づいて教会が形成される、教育がなされる、その秩序を受け入れるという誓約だと言えます。

しかし、牧師、長老、執事といった教会役員は、その任職に当たって信仰規準に対する誓約が求められます。それゆえ、ウェストミンスター信条が教会の憲法であることを実質的に担保しているのが、この牧師と役員の誓約であると言えます。

それだけに、この誓約の言葉とその意味が問題なのです。長老主義教会の歴史において、教会と信条との関係が問題になるとき、必ずこの誓約の言葉の意味が問題となりました。言葉による誓約だけでなく、署名による同意が求められることもありました。信条への同意誓約・同意署名（subscription）は、長老主義教会における神学的論争の中心点の一つでした。それは単に神学論争で終わるのではなく、誓約の言葉の「意味の規定」が、その後の教会の歩みを決定付けることになったのです。

長老教会の歴史を語るときの重要な視点が、この同意誓約・同意署名にあると言えます。そこで次に、スコットランドにおける同意誓約署名論争を簡単に紹介したいと思います。

(4) スコットランドにおける同意誓約署名論争

スコットランド教会は、一六四七年の教会大会でウェストミンスター信仰告白を教会の信仰告白として満場一致で承認しました。また、一六四九年二月にこの教会会議の決定がスコットランド議会で批准されました。これによって、無条件の逐語的同意誓約がすべての牧師に要求されるようになりました。こうしてウェストミンスター信仰告白は、スコットランドの教会と国家によって受け入れられ、その歴史に本格的な第一歩を踏み出しました。

共和制の時代を経て、一六六〇年に王政復古となります。この王政復古は、長老主義者にとって暗黒時代の始まりを意味していました。司教制が復活し、司教に従わない牧師は教会を追われることになりました。長老主義者たちは迫害されたのです。しかしその冬の時代は、名誉革命で終わります。名誉革命によって、スコットランド教会は国教会としての長老主義教会として再出発しました。

①一六九〇年体制

これが一六九〇年体制と呼ばれるものです。スコットランド議会は一六九〇年六月七日に、「改革派教会の教理と要点と内容を含む、この教会の公的で正当な信仰告白」として、ウェストミンスター信仰告白を批准し、国教会として長老教会を設立する法を可決しました。一六九三年に議会は一つの法律（The Act for Settling the Quiet and Peace of the Church）を通過させました。それは次のように規定しています。

「なんぴとも、ウェストミンスター信仰告白を自分の信仰の告白と明言して、それに同意署名し、その教理を常に固く自分が則り離さない真の教理と承認しなければ、本教会において牧師もしくは説教者になることは認められず、以後その職に留まることも許されない」。

一六九四年に教会大会は、同意署名の新しい様式を作成しました。それによれば、牧師任職を求めるすべての人は、ウェストミンスター信仰告白を「自らの信仰の告白」として同意し、「そこに含まれている教理が真の教理であると認め、絶えずそれを固守する」ように要求されました。さらに、一七〇〇年に教会大会は、「本国民教会に属するすべての牧師、長老は、自分の信仰の告白としてウェストミンスター信仰告白に同意署名しなければならない」と定め、それ以後の教会大会は同様の立法措置を重ねつつ、この要求を牧師以外の各層の人々、たとえば、一七〇四年には教会大会の議員、一七〇五年には説教免許者へと、拡大していきました。

一七〇七年にイングランドとスコットランドの議会は合同しました。このとき、スコットランド教会は、イングランドの主教主義の流入を恐れて、さらに信仰告白へのコミットメントが強められました。一七一一年の教会総会は、牧師の任職、就職、説教免許授与の際の質問項目や、同意署名する定式を定めています。任職誓約の第二の質問は次のものです。

「あなたは、この信仰告白に含まれる教理全体が……神の言葉に基づくことを心から認め、信じますか。あなたはそれをあなたの信仰の告白として承認しますか。またあなたは、それを常に堅持し、あなたの力のおよぶかぎりそれを主張し、支持し、擁護しますか」。

こうして牧師には、ウェストミンスター信仰告白の教理に対する絶対的なコミットメントが課されることになりました。

②分離派教会

一六九〇年に長老主義を回復して歩み始めたスコットランド教会ですが、一七三三年の第一離脱、また一七六一年の第二離脱など、国教会から離脱して歩む教会が生まれました。いずれの離脱もその主たる原因は、「聖職禄授与権」(Patronage)の問題でした。「聖職禄授与権」とは、教会にその土地を付託した地主が、誰に聖職禄を授与するかを決定する権利のことです。牧師の人事権は、地主が掌握するとするものです。

この分離派教会の中で、ウェストミンスター信仰告白の中に記されている国教会主義の規定に対する反対が強まっていきました。第二離脱によって生まれた救済教会(Relief Church)は、一八二三年の同意署名の質問の中で、「信仰告白が宗教的事柄に関して国家的為政者の権能を認めていると言われている範囲を除いて」、ウェストミンスター信仰告白を自分自身のものとして受け入れることを求めています。国教会主義を捨てることを明らかにしたのです。

分離派教会は、一八四七年に合同離脱教会（United Secession Church）と救済教会が合流して、合同長老教会（United Presbyterian Church）となりました。この段階で、教会とウェストミンスター信仰告白との関係はさらに曖昧なものとなりました。救済教会はもともと「自由な独立主義的思想の色濃い教会」であり、スコットランドの長老主義にとって重要であった「国民契約」や「厳粛な同盟と契約」に拘束されることを拒否していました。それゆえ新しく生まれた合同長老教会も、「契約」には反対で、自由で福音主義的な教会であったのです。この教会は海外伝道にも熱心で、明治期の日本に宣教師を送っています。つまり、日本に最初にやってきたスコットランドの宣教師は、決して長老主義の強い伝統を保持していた人々ではありませんでした。

一八四七年の「合同の基礎」の第二箇条には次のように記されています（袴田康裕『信仰告白と教会』新教出版社、二〇一二年、五二頁）。

「ウェストミンスター信仰告白、大小教理問答書は、この教会の信仰告白と教理問答であり、それらは、私たちがどのように聖書を理解しているかの権威ある表示である」。

これを受けて、任職候補者への質問第二項は次のように改訂されました。

「あなたは、ウェストミンスター信仰告白と、大小教理問答書を、あなたがどのように聖書を理解しているかの表示として認めますか」。

ここから明らかなように、合同長老教会では、もはや牧師がウェストミンスター信仰告白を「自分自身の信仰の告白」とすることが求められていません。「自分自身の信仰の告白」とするということが、これまでの同意誓約のキーワードでした。しかし、それがなくなりました。ですので、この一八四七年の様式が、スコットランドの同意誓約の歴史における分岐点であると言われています。

③大分裂

一方、国教会のスコットランド教会では、一八世紀後半に穏健派の台頭がありました。また一九世紀になると有志教会論論争が盛んになりました。有志教会論とは、すべての各個教会はその牧師を、国家による教区資産に頼るのではなく、自発的な献金によって支えるべきであるという考えです。すなわち、有志教会論は、国家によって支えられる国教会（あるいは法定教会）の概念に反対しました。また、貧民救済と学校の管理監督は、教会の手を離れるべきだと主張しました。

この有志教会論論争が、続く一〇年抗争と大分裂に道を備えることになりました。一九世紀のスコットランド教会史における最大の出来事が一八四三年の「大分裂」です。これは、スコットランド教会の約三分の一の牧師が、国教会を離脱して、スコットランド自由教会を結成した出来事です。彼らは、教会堂、牧師館、畑地、牧師給、さらに社会的身分を捨てるという大きな犠牲を払ってこれに加わりました。

分裂の原因は一言で言えば、教会の霊的自律、信仰上の独立が守られない現状に対して、それを甘受することができなかったことです。国家が教会の管轄権である霊的事項に干渉することに、福音主義派の牧師たちは妥協できませんでした。

では、新しく誕生したスコットランド自由教会は、ウェストミンスター信仰告白に対してどのような態度を取ったのでしょうか。端的に言えば、自由教会は同意署名について、一七一一年の古典的定式を保持し、留保なしに信仰告白の神学を採用しました。一八四六年に採択されたスコットランド自由教会の同意署名の冒頭部分は次のようになっています。

「私は、スコットランド教会の教会大会が是認した、その信仰告白に含まれる教理全体が、神の真理であると、心から認め、信じます。また、私はその信仰告白を、私の信仰の告白として認めます」。

このように自由教会は、すべての教会役員に、ウェストミンスター信仰告白を自分自身の信仰の告白と認めることを求めました。

こうして一九世紀の半ばには、スコットランド教会、スコットランド自由教会、合同長老教会という三つの大きな長老教会が並存することになったのです。

④信仰告白大論争

歴史学者のアレグザンダー・チェインは、スコットランドの諸教会が、ウェストミンスター信仰告白との関係を検討した一八六〇年代から一九一〇年までの論争を「信仰告白大論争」と呼んでいます。

この時代のさまざまな新しい神学的思潮の影響で、ウェストミンスター信仰告白に表されているカルヴァン主義的正統主義の見直しがなされました。その帰結が、一八七八年の合同長老教会による「宣言法」と、一八九二年のスコットランド自由教会の「宣言法」です。そこで取り上げられている項目ですが、合同長老教会の「宣言法」では、第一が「贖罪の教理」、第二が「神の聖定の教理」、第三が「人間の全的堕落の教理」、第四が「異教徒や幼児期に亡くなった子どもの運命についての教理」、第五が「為政者の宗教に関する義務についての規定」、そして第六が「福音宣教の義務についての規定」です。

自由教会の宣言法の内容も似ています。第一は「神の愛の強調」、第二は「遺棄の教理」、第三は「異教徒や幼児期に亡くなった子どもの運命についての教理」、第四は「全的堕落の教理」、第五は「非寛容、ないし迫害をよしとするような原理の否認」です。

そしてそれぞれの「宣言法」の最後に「良心事項」と呼ばれる箇条があります。自由教会宣言法の第六段落は次のものです（A・I・C・ヘロン編『ウェストミンスター信仰告白と今日の教会』松谷好明訳、すぐ書房、一九八九年、一九三頁）。

「信仰告白に述べられた改革派信仰の核心に関わらない種々の点については、本教会において意見の多様性が認められるが、どのような点がこの範疇に入るかを具体的に起こる問題に則して決定し、そうすることによってこの自由の乱用により、健全な教理が損なわれたり、自らの統一と平和が傷つけられないように守る十全の権威は、本教会がこれを保持する」。

合同長老教会の「宣言法」と同じく、ここでも「信仰の核心」に関わらない点についての「意見の多様性」が認められるとされました。こうして、合同長老教会と自由教会が、ほぼ同じ内容の「宣言法」を採択したことは、両教会の神学的立場・信仰理解が非常に似通ってきていたことを意味します。それは、新しい時代精神を受けて、硬直化した正統主義的カルヴァン主義を見直すということでした。

両者の間には、国教会主義と有志教会論という違いがありましたが、自由教会が国教会主義を捨てたことでそれも解決しました。こうして一九〇〇年に、両教会は合同して「合同自由教会」（United Free Church）となりました。合同自由教会の神学的立場は、広い福音主義で、リベラル・エヴァンジェリカリズムの神学と実践のエートスを持っていました。すなわち、穏健な高等批評と、最新の科学的発見の受け入れと、福音主義と宣教への熱心が調和していました。ジェームズ・デニーやヒュー・ロス・マッキントッシュらが、この教派の神学者です。

⑤合同自由教会とスコットランド教会の合併

一方、国教会のスコットランド教会も、ウェストミンスター信仰告白の同意署名の様式の厳しさを緩めたいと願っていましたが、議会法によって阻まれていました。しかし、一九〇五年に議会はその様式を修正する権限を教会に与えました。それゆえ一九一〇年にスコットランド教会は新しい同意署名の様式を作成しました。

「私は、ここに、その信仰告白に同意署名し、この教会の信仰告白としてそれを受け入れていること、また、その中に含まれているキリスト教信仰の根本的教理を信じていることを宣言します」。

こうしてスコットランド教会は、ウェストミンスター信仰告白そのものへのコミットではなく、特定されていない「根本教理」にコミットすることになりました。この頃から、スコットランド教会と合同自由教会は合併のための協議を本格化させました。教理的立場はすでに似通っていましたが、国教会（法定教会）の問題がありました。しかしこの問題も解決して、一九二九年に、合同自由教会はスコットランド教会に合併したのです。こうしてスコットランド教会は、スコットランドのプロテスタントの五分の四の信徒を有するナショナル・チャーチとなりました。

この合併によって新しくなったスコットランド教会の同意署名を最後に見ておきます。一九二九年の合同基本文書に規定された「牧師の任職と就職のための式辞」によると、任職に際して署名される誓約文の最初の文は、「私は、本教会の信仰告白に含まれた、キリスト教信仰の根本教理を信じます」というものです。

スコットランド教会の立場は、次の三点にまとめられます。①ウェストミンスター信仰告白を教会の従属的信仰規準とするが、信仰の核心に関わらない教理上の点については、意見の自由を認める。②任職されようとする人には、スコットランド教会の信仰告白に含まれた、キリスト教信仰の根本教理を信じることが要求される。③従属的信仰規準を作り、解釈し、修正する権利、および何が根本教理かを審判する権利は教会自身にある。

「信仰の核心に関わらない教理上の点については、意見の自由を認める」ということは、逆に言えば「信仰の核心については、意見の自由はない」ということです。しかし、スコットランド教会は、その後一度も、ウェストミンスター信仰告白のどの教理が信仰の核心に属し、どれがそうでないかを定義することはありませんでした。

さらに、任職されようとする人には、「信仰告白に含まれた、キリスト教信仰の根本教理を信じる」ことが要求され、何が根本教理かを審判する権利は教会自身が持つとされました。しかし実際には、何が根本教理かを教会が審判することはありませんでした。その結果、スコットランド教会は、事実上、信仰告白については解釈が自由になり、教会の教理的立場は極めて自由で、多様になっていきました。もはや、信仰告白の文言が教会の役員を拘束することは事実上なくなったと言っても言い過ぎではないでしょう。

保守的な教派は、なお信仰告白の拘束力を維持していますが、それは少数派です。スコットランドの場合も、またアメリカの場合も同様ですが、当初は、信仰告白は牧師や役員に対して強い拘束力を持ちました。しかし、時代精神が移り変わる中で、信仰告白の拘束力を緩めようとする圧力がかかりました。それは決して、啓蒙主義・理性主義の見地からキリスト教を再検討すべきだとする立場からだけでなく、自由に積極的な伝道ができる教会になろうとする立場からの要求もありました。拘束力が強すぎることから来る弊害も確かにありました。

しかし、五〇年、一〇〇年という長いスパンで見れば、結果として、信仰告白の拘束力を緩めた教会は、宗教改革時代の長老教会としての神学的アイデンティティを喪失する傾向にあったように私には思えます。それゆえ、同意誓約の「固さ」が、多様性が支配的な時代の中で、長老主義教会の根本的精神を守る一つの歯止めになることは確かなのだと思います。

4　さいごに

最後に、日本キリスト改革派教会の同意誓約についての課題を説明します。

実は、改革派教会の同意誓約文についての統一理解はありません。先に取り上げた松尾武先生の論文では、アメリカにおけるチャールズ・ホッジとヘンリー・スミスの論争を紹介し、本質説（substance of doctrine）や全命題説（every proposition theory）ではなく、体系説（system of doctrine view）だと言われていますが、その内容や理解が十分共有されているわけではありません。しかも、大会で決議した統一理解がないため、人によって異なるニュアンスで語られます。

また改革派教会は、ウェストミンスター信条の教会公認訳がありません。信条翻訳委員会の訳がありますが、その翻訳を公認翻訳文と決議しているわけではありません。今となっては誤訳がかなりありますから、それを公認翻訳文とすることは不可能です。どう訳すかということは解釈と直結します。ですから、解釈の蓄積もあまりないということです。むしろ、新しい信条の作成ということに力を入れてきたため、信条教会として基本の部分がなおざりにされてきたと私は感じています。そこが私たちの教会の大きな課題です。

しかし、その課題を認めつつも、ウェストミンスター信条を教会の信仰規準としてきたことに、改革派教会の教派としてのアイデンティティがあることは確かです。二つの特徴を挙げることができます。

第一は、教会の現場と神学の距離が近いことです。ウェストミンスター信仰告白や教理問答が、単なる改革派教理を学ぶ教材ではなく、教会の土台である信仰規準であるということは、やはり信徒に対しても強い意識を持たせています。

受洗準備クラスで用いられるだけでなく、礼拝で交読されたり、各会などで繰り返して学ばれます。その意味で、改革派教会の場合、神学・教理と教会の現場の距離がかなり近いように思います。それによって、神学そのものが、現場感覚を重視したものとして展開される傾向があります。神学校が出版している『改革派教義学』は、その一つの成果だと言えます。

第二の特徴は、教会会議において信仰規準を土台にして議論ができることです。大会などで、信仰規準の立場から逸脱しているような意見が出れば、信仰規準を根拠に論駁することができます。同じ信仰規準に立つという誓約をしているわけですから、信仰規準を無視した議論はできません。私の感覚では、信仰規準こそが、教会会議の議論の重石であると同時に、教会の行き先を健全に指し示す役割も果たしていると思います。

以上、ウェストミンスター信条を教会の信仰規準としていることの実際的意味を考察してきました。長年、ウェストミンスター信条を教会の信仰規準として歩んできたとはいえ、私たちの教会もまだまだ多くの課題を抱えた「途上にある教会」に過ぎません。戦後七〇年を経て、キリスト教会も「違い」を強調する時代から、「共通性」を強調する時代に変わってきたと思います。違いを認めつつ交わることで、お互いに益を得ることができます。その意味で、今後も親しい交わりが与えられればと思います。

旧日基伝統という意味では、私たち以外に、いわゆる新日基（日本キリスト教会）がありますが、改革派教会は日本キリスト教会とは友好関係を結んでいます。毎年の大会にお互いに問安使を派遣していますし、神学校も隔年で講師を送って集中講義をするなどの交流があります。連合長老会は教派ではありませんので、正式な友好関係にはなれないかもしれませんが、何らかの形で友好関係を結んで、交わりが与えられればと個人的には願っています。

教会の対外的ディアコニア

1　聖書のディアコニア

ディアコニアとは、奉仕、仕えることです。それはキリストの弟子であることとの必須的要素です。キリスト者の生活はディアコニアという言葉で定義づけられるとも言われます。キリスト者の生活の一部がディアコニアではなく、キリスト者の生活全体を表す言葉、キリスト者を定義する言葉がディアコニアなのです。

これは、新約聖書で新たに始まったことではありません。旧約聖書でも明確に教えられていることです。旧約聖書におけるディアコニアの中心的表現は、律法の第二の板に記された隣人愛の教えだと言えます。神を愛するだけではなく、むしろ神に愛された者として隣人を愛する。神の民はそのために存在すると言っても良いわけです。

ギリシア思想においては、仕えること、奉仕というのは、下級の者のすることであって、それは理想的人間像とは異なっていました。しかし、聖書は違います。他者に仕えること、他者を愛することに、あるべき人間の姿を見るのです。

そして神の民にとって、他者に仕えることが単なる倫理ではないことを旧約聖書は教えています。つまり、奉仕と礼拝は密接に結びついています。申命記一〇章一二—一九節にはこうあります。

「イスラエルよ。今、あなたの神、主があなたに求めておられることは何か。ただ、あなたの神、主を畏れてそのすべての道に従って歩み、主を愛し、心を尽くし、魂を尽くしてあなたの神、主に仕え、わたしが今日あなたに命じる主の戒めと掟を守って、あなたが幸いを得ることではないか。……あなたたちの神、主は神々の中の神、主なる者の中の主、偉大にして勇ましく畏るべき神、人を偏り見ず、賄賂を取ることをせず、孤児と寡婦の権利を守り、寄留者を愛して食物と衣服を与えられる。あなたたちは寄留者を愛しなさい。あなたたちもエジプトの国で寄留者であった」。

ここでは、神礼拝の奨めと、他者への愛と奉仕が一つになっています。主を愛し、主に仕える。そのような真実な礼拝を捧げる。そして同時に彼らには、「孤児と寡婦の権利を守り、寄留者を愛すること」が命じられています。レイトゥルギアとディアコニアは結びついています。神礼拝と仕えることが一つになっているのです。

イザヤ書五三章には「受難のしもべ」の姿が記されています。使徒言行録八章三五節にあるように、それはイエス・キリストを指します。受難のしもべである主イエスご自身が、ディアコニアの偉大な模範だと言えます。隣人を愛し仕える姿の最大の模範は、イエス・キリストです。

次に新約聖書ですが、ディアコニアという言葉は、元来は宗教的な意味の言葉ではありません。「給仕する」「準備する」「仕える」という通俗的な意味の言葉ですが、それを、新約聖書は霊的な意味を与えて聖別したと言えます。

主イエスが、ディアコニアの最大の模範であることが新約聖書に明確に示されています。贖い主であるお方は、何より仕えるお方でありました。「人の子が、仕えられるためではなく仕えるために、また、多くの人の身代金として自分の命を献げるために来たのと同じように」（マタ二〇・二八）と言われた通りです。

またパウロがフィリピの信徒への手紙で語ったように、「キリストは、神の身分でありながら、神と等しい者であることに固執しようとは思わず、かえって自分を無にして、僕の身分になり、人間と同じ者になられました。人間の姿で現れ、へりくだって、死に至るまで、それも十字架の死に至るまで従順」だったのです。

キリストの仕える姿の中に、私たちのディアコニアの原点があります。私たちのなすべきディアコニアの根拠は、まさにキリストご自身にあります。ですから、私たちが召されているディアコニアというのは、単に困っている人への憐れみや援助ではなく、それ以上のものです。

キリストは単に、困っている人への憐れみや援助に生きたのではありません。キリストは、まさに他者のために存在され、そして大いなる犠牲を払われたお方です。ディアコニアの概念は、犠牲的なものだということを忘れてはなりません。

さらに、キリストはご自身に対するディアコニアと、隣人のためのディアコニアを同一視しておられます。主は終末の裁きについて語られたとき、こう言われました。「はっきり言っておく。わたしの兄弟であるこの最も小さい者の一人にしたのは、わたしにしてくれたことなのである」（マタ二五・四〇）。

キリストに対するディアコニア、つまりキリストに仕えることと、隣人に仕えることとは深く結びついています。イエスに従うキリスト者にとって、ディアコニアは福音の本質だと言えるのです。

それゆえすべてのキリスト者は、その遣わされているところで、与えられた賜物を用いて、隣人に仕えるディアコニアに加わるように召されています。二つの御言葉を挙げます。

「あなたがたはそれぞれ、賜物を授かっているのですから、神のさまざまな恵みの善い管理者として、その賜物を生かして互いに仕えなさい」（Ⅰペト四・一〇）。

「賜物にはいろいろありますが、それをお与えになるのは同じ霊です。務めにはいろいろありますが、それをお与えになるのは同じ主です」（Ⅰコリ一二・四―五）。

私たちに与えられている御霊の賜物の使用は、愛に動機づけられる必要があるのです。

これらのことから分かるように、ケリュグマ（宣教）とディアコニアは決して分離されません。ディアコニアは常に、教会生活の本質です。ディアコニアは常に、キリスト教会の真のしるしでなければならないのです。

新約聖書によりますと、教会が成長拡大し、それに伴って霊的また物質的な必要が増加するにつれて、教会のディアコニアも制度的形態をとるようになりました。新約聖書には一つの職務として奉仕者（ディアコノス）が登場してきます。テモテへの手紙一、三章でパウロは、その奉仕職に就く者の資格を挙げています。

新約聖書の教会が、「仕える務め」を教会の本質として重視したのは確かです。しかし、その形を厳格に定めているとは言えません。たとえば、執事職の厳格な形を新約聖書が定めているとは言えません。初代教会は、その時代と環境の中で、その「務め」に応えていったのであって、それゆえにディアコニアは種々の形態を取りうると言えます。

2　教会の歴史におけるディアコニア

このディアコニアの歴史的展開について、簡単に見ておきましょう。

使徒教父文書の中に、たくさんの執事職についての記述が見られます。イグナティオス、ヒッポリュトス、ヘルマスの牧者などです。イグナティオスのトラレスの教会への手紙には「イエス・キリストの奥義の執事たる者は、あらゆる方法を用いてすべての人を喜ばせなければならない。なぜなら、彼らは食物や飲み物の執事ではなく、神の教会のしもべであるからだ」とあります（トーマス・コーツ『ディアコニア』聖文舎、一九八五年、六一頁）。イグナティオスは紀元一〇七年頃に殉教していますから、教会史の非常に早い時期に公認の執事職が出現していたことは確かです。

さらに三世紀初頭のヒッポリュトスの『使徒伝承』によれば、執事は監督と密接な関係があり、執事は監督に仕えて働く者であったことが分かります。同じく三世紀のシリア教会における『使徒戒規』によれば、執事は監督の代弁者の働きをしていたことが分かります。

使徒教父および古代教父の著作によれば、執事は教会における慈善活動の責任を担っていました。つまり、孤児、老人、病人、洗礼志願者、旅人、囚人などへの奉仕を、執事が担っていたのです。三世紀になると、ローマの監督ファビウスは、市を七つの地域に分け、各地域に一人の執事を係として任命しました。同じようなやり方がほかの地域でも実施されました（同書、六七頁）。教会生活における執事の重要性は高まり、長老の権威が脅かされる心配さえあったようです。

しかし、六〇〇年代頃から、執事の役割の重要性は減少し始めました。理由は、修道士たちが慈善活動を担うようになったからです。それゆえ、西方教会における執事の役割は、次第に礼拝式上の務めに制限されるようになっていきました。執事と司祭の相違が不明確になっていきました。こうして、カトリック教会においては、職務の多様性が失われ、執事職の独自性が消滅していくことになりました。

宗教改革者ルターは、執事職を再建することはありませんでしたが、ディアコニアの重要性を再認識させたと言えます。彼は万人祭司、つまり全信徒の祭司性を主張しましたが、そこに「隣人に仕えるキリスト者の使命」の主張が含まれていました。ルターは、貧窮者のための教会側の一致した努力を求めました。

これに対して、実際に執事職を再建したのがジャン・カルヴァンです。彼は教会における多様な職制を回復し、その中に執事職を位置づけました。エルシー・アン・マッキーは『執事職』(一麦出版社、一九九八年)という書物の中でこう述べています。

「最も単純に言うならば、カルヴァンの執事職に関する教説は、執事職を貧しい人々や病人に対する教会の永続的な働きとして、すなわち、人間の物質的肉体的な苦しみに対する一つのからだとしての教会の務めとして定義づけているということである」(九二頁)。

「執事職は教会の一つの職務であり、貧しい人々や病人の援助のために立てられる。なぜなら、教会は共同体として、最も苦しんでいるキリストの姉妹や兄弟のために奉仕する責任を担っているからである。カルヴァンは、執事職が二つの重要な機能、すなわち募金や財源の管理運営と、貧しい人々のための実際的、すなわち身体的、個人的な援助という二つの重要な機能を持っていると考えた。これらの仕事を二種類の担当者、すなわち管理人と看護人、男性と女性に配分した」（同書、九二―九三頁。『キリスト教綱要』四・三・九参照）。

改革派教会のディアコニアは、執事職が担う「仕える務め」の固有性を回復したところから展開していくことになります。

一方のルター派は、敬虔主義のリーダー、アウグスト・ヘルマン・フランケが一六九五年に孤児院を建て、組織的なキリスト教慈善活動がなされました。そして一九世紀には、ハンブルクのヴィヘルンが「ラウエ・ハウス」（後のブリューダー・ハウス）を建て、孤児、非行少年などの教育施設を造ったことや、カイゼルスヴェルトにフリードナー牧師が「ディアコニッセの家」（後のマザー・ハウス）を建てたことに引き継がれていきます。

以上が大雑把なディアコニアの歴史です。ルター派の神学者トーマス・コーツはこう述べています。「ディアコニアとは、『人間の必要に対する連帯責任』であるという適切な説明がなされている。世にあって、そして世に対して証しする神の民である教会は、この連帯責任を具体的な形で示すべきである。これは、キリスト教会の務めと個々のキリスト者の使命が、決して静的なものとみなされてはならず、キリストの民の間に、そしてその中に宿られるキリストのダイナミックな、そして圧倒的な愛の力を常に反映することにあることを意味している。初代教会の場合のように、ディアコニアの概念は、教会生活の中で具体的な形や組織となって表される必要がある」（トーマス・コーツ『ディアコニア』八六頁）。

ディアコニアは、教会の務めであり、またキリスト者の使命です。それは静的なものではなく、具体的な状況の中で、ダイナミックに展開される必要があります。つまりそれは具体的な形となる必要があります。教会の歴史は、その試みと成功と失敗を表していると言えるでしょう。では、私たちは今、どのようなディアコニアの展開が求められているのでしょうか。

そのことを考えるために、さらに三つの素材を提供したいと思います。一つは、福音派の取り組み、二つ目はドイツ告白教会のあり方、そして三つめはウェストミンスター信仰告白の理解です。

3　福音派のあり方に学ぶ

かつて福音派は、魂の救いに集中し、社会的政治的な事柄からは距離を置いていました。それは福音派自身が主張し、外部からもそう思われていました。しかし、その福音派の姿勢は今日大きく変わっています。

福音派の姿勢に変化をもたらした転機は、一九七四年七月にスイスのローザンヌで開かれた『世界伝道会議』でした。ここで採択された『ローザンヌ誓約』（ジョン・ストット『ローザンヌ誓約』宇田進訳、いのちのことば社、一九七六年。以下の引用は同書によるが、一部袴田が修正している）は、法的拘束力を持つものではありませんが、その後の福音派教会の歩みを導く指針になりました。

そのローザンヌ誓約の第五項が「キリスト者の社会的責任」です。

〈誓約・第五項　キリスト者の社会的責任〉

「われわれは、神がすべての人の創造者であるとともに、審判者でもあられることを表明する。それゆえに、われわれは、人間社会全体における正義と和解のための、また、あらゆる種類の抑圧からの人間解放のための、主のみ旨に責任をもって関与すべきである。人間は神のかたちに似せて造られているので、一人一人は、人種、宗教、皮膚の色、文化、階級、性別、年齢に関わりなく、それぞれ本有的尊厳性を有すものである。したがって、人は互いに利己的に利用し合うのでなく、尊敬し合い、仕え合うべきである。われわれは、これらの点をなおざりにしたり、時には伝道と社会的責任とを互いに相容れないものとみなしてきたことに対し、ざんげの意を表明する。たしかに人間同士の和解即神との和解ではない。社会的行動即伝道ではない。政治的解放即救いではない。しかしながら、われわれは、伝道と社会的政治的参与の両方が、ともにキリスト者の務めであることを表明する。なぜなら、それらはともに、われわれの神観、人間観、隣人愛の教理、イエス・キリストへの従順から発する当然のことだからである。救いの使信は、同時に、あらゆる形の疎外、抑圧、差別を断罪する裁きの使信でもある。われわれは、悪と不公正の存在するところでは、いずこにおいても、勇断をもってそれらを告発しなければならない。人がキリストを受け入れるとき、その人は再生して神の国に入れられるのであり、この不義の世界の真ただ中で、ただ単に神の正義の何たるかをはっきりと語るだけでなく、それを現実に押し広めていかなければならない。われわれが主張する救いは、われわれの個人的責任と社会的責任の全領域において、われわれ自身を変革していくものである。行いのない信仰は死んだものである。

使徒一七・二六、三一、創世一八・二五、イザヤ一・一七、詩篇四五・七、創世一・二六、二七、ヤコブ三・九、レビ一九・一八、ルカ六・二七、三五、ヤコブ二・一四—二六、ヨハネ三・三、五、マタイ五・二〇、六・三三、Ⅱコリント三・一八、ヤコブ二・二〇」

いくつかの要点を挙げることができます。

①伝道と社会的政治的参与は、共にキリスト者の務めである。

誓約は、これまでの福音派の歩みについて懺悔を言い表しています。「われわれは、これらの点をなおざりにしたり、時には伝道と社会的責任とを互いに相容れないものとみなしてきたことに対し、ざんげの意を表明する」。その上で、非常に明確に「われわれは、伝道と社会的政治的参与の両方が、共にキリスト者の務めであることを表明する」と述べています。

②キリスト者の社会的責任の根拠(1)――神の教理

キリスト者の社会的責任の根拠として第一に挙げられているのは、神の教理です。

神は「すべての人の創造者であるとともに、審判者でもあられる」。つまり、神は「キリスト者だけ」あるいは「教会だけ」に関心を持たれるのではありません。すべての人、全世界に関心を持っておられます。それゆえキリスト者は、神の関心の広さを、自らのものにしなければなりません。

さらに、正義、和解、抑圧からの人間の解放は、旧約聖書の時代から教えられている神の御旨に他なりません（特に、アモ一・二）。

③キリスト者の社会的責任の根拠(2)――人間の教理

第二の根拠は、人間が神のかたちに似せて造られた点にあります。

「人間は神のかたちに似せて造られているので、一人一人は、人種、宗教、皮膚の色、文化、階級、性別、年齢に関わりなく、それぞれ本有的尊厳性を有す」のです。それゆえ、人間の尊厳性に反する行為は許されません。すべての命は神のものであり、それを人は奪ってはなりません。

④キリスト者の社会的責任の根拠(3)――救いの教理

聖書の救いは、決して政治的解放と同一視されませんが、それは社会的な側面を持ちます。「救いの使信は、同時に、あらゆる形の疎外、抑圧、差別を断罪する裁きの使信でもある。われわれは、悪と不公正の存在するところでは、いずこにおいても、勇断をもってそれらを告発しなければならない」のです。そして「この不義の世界の真ただ中で、ただ単に神の正義の何たるかをはっきりと語るだけでなく、それを現実に押し広めていかなければならない」のです。

救いは、その人が悪から救い出されて、キリスト者として生きる者とされることです。その悪はしばしば社会的性格を持ち、生きることには社会性が伴います。ですから、救いと社会的責任は決して分離できないのです。

⑤社会的責任はキリスト者の義務である。

最後の文章は、キリスト者への強い挑戦です。「われわれが主張する救いは、われわれの個人的責任と社会的責任の全領域において、われわれ自身を変革していくものである。行いのない信仰は死んだものである」。

救われた者は全領域において、自分自身を変革していく責任があります。神の民の市民として生活を形づくる際、社会的責任は当然その中に含まれています。そのようにして全領域で自己を変革していかないならば、救われていると言えないのです。

ローザンヌ誓約は、本当に福音派の意識を変えるきっかけとなったものです。内容も極めて説得的です。そして、二〇一〇年のローザンヌ世界宣教会議で採択された『ケープタウン・コミットメント』では、それがさらに豊かに詳細に展開されています。

ローザンヌ誓約では「伝道」と「社会的責任」と、二つは並行関係に置かれていました。伝道だけでなく社会的責任も実践すべきだ。両方への関与が並行して行われるべきだということでした。

しかし『ケープタウン・コミットメント』では、これを統合して理解しています。「と」で結ばれるのではなく、統合的宣教として理解されています。

「私たちは、宣教のすべての次元において統合的に、しかも大胆に実践することを決意する。神はこのことのためにご自分の教会を召しておられる。

•神が私たちに命じていることは、神の啓示の真理を伝え、イエス・キリストによる神の救いの恵みという福音をすべての諸国に知らせ、すべての民を悔い改めと信仰、洗礼と従順な弟子としての歩みへと招くことである。

•神が私たちに命じていることは、必要を抱えた人を思いやりをもって助けることを通して、神ご自身の性質を反映すること、正義と平和のための奮闘と神の被造物の保護とにおいて、神の国の価値観と力を実際に示すことである。

神がキリストにあって私たちに与えてくださる無限の愛に応答して、神に対する私たちのあふれ出る愛の発露として、聖霊の助けにより、自己を放棄する謙遜と喜びと勇気をもって、私たちは神が命じるすべてのことに全面的に服従することを、改めて決意する。主がまず私たちを愛してくださったゆえに、私たちは愛する主と交わしたこの契約を新たにする」(『ケープタウン・コミットメント』パート一・一〇。『ケープタウン決意表明』日本ローザンヌ委員会訳、いのちのことば社、二〇一二年、四〇―四一頁)。

特にここ二〇年ほどの間に、福音派諸教会の社会的責任に対する関わりは大きく変わったと思います。その背後に、こうした神学的声明がありました。これらに法的拘束力がないからといって決して軽く見ることはできません。確かに世界の福音派教会は、これらの声明の方向に変化してきたと言えるでしょう。

しかし、私たち改革派教会との違いがないわけではありません。大きな違いの一つは、ここでは責任の主体として何より「キリスト者」が強調されていることです。特にローザンヌ誓約はそうでした。『ケープタウン・コミットメント』では、「教会」が責任の主体としてかなり前面に出てきています。しかし、十分とは言えません。

それは福音派の教会観と関係があります。教会についての理解が、ややナイーブなのです。しかし、改革派教会は、教会を法的に理解し、主から託されたミニストリウム（務め）を担う主体として考えます。その観点から職制についても論じられます。ディアコニアもその視点から出てきたものです。そこが福音派との違いだと言えるでしょう。

しかし、率直に言って、福音派は実践を通して、自らを変革してきた面があります。それは強みです。私たちは、こうした声明と同時に、そこから謙虚に学ぶ必要があります。

4　ドイツ告白教会に学ぶ

次にドイツ告白教会を取り上げます。有名なバルメン宣言の第三項と第四項がディアコニアと関連があります。

バルメン宣言の第三項は、イエス・キリストの教会が、この世とどのような連帯性を持つかを宣言しています。

「教会は、罪の世のただなかにあって、その信仰、そしてまたその服従によっても、あるいは自分が告げるメッセージ、またその秩序によっても、証ししなければならない。教会とは、恵みを受けた罪人の教会であり、ただキリストのものであることを、そして、キリストが再び現れてくださることを心待ちにしつつ、キリストの慰めによって、キリストの指示によってのみ生きており、またそのように生きたいと願っているものであることを」（『改革教会信仰告白集』〔関川泰寛・袴田康裕・三好明編、教文館、二〇一四年〕所収の加藤常昭訳より引用。以下の引用も同書による）。

「教会とは、恵みを受けた罪人の教会であり、ただキリストのものであることを」証ししなければなりません。この世は罪の世です。ですから教会は、この世と偽りの連帯性を持ってはなりません。つまり、この世と何ら違わないものになってはなりません。それゆえ第三項後半にあるように、「教会が、自分が語るメッセージも、その秩序も、自分の好みに任せてよいとか、その時に支配的な世界観や政治に関わる確信の赴くままに任せてもよいとする過った考えを、われわれは却ける」のです。

教会はイエス・キリストによって召し集められた者の群れです。神ご自身に存在の土台を置いています。教会はイエス・キリストの所有するものです。イエス・キリストに従う群れです。この世にあって、この世のものではありません。そのことを証しするのが、教会のこの世における使命です。

その際、バルメン宣言は、「その服従によっても、あるいは自分が告げるメッセージ、またその秩序によっても、証ししなければならない」と言っています。その証しは、その信仰や使信によってだけではありません。服従によって、またその秩序によっても証しする必要があります。教会内での事柄だけでなく、その実践的な行いや、具体的な秩序においても、証しするものでなければならないのです。

第四項は、第三項をさらに発展させた部分です。第三項で、教会はこの世にあって、自らがイエス・キリストの所有であることを証ししなければならないと述べました。そしてイエス・キリストは、仕える生涯を送られた方です。それゆえ教会も、「仕える」ことによって、自らがイエス・キリストの所有であることを証しする必要があります。

第四項の冒頭にはこうあります。「教会におけるさまざまな職務は、ある者が他の者を支配してよいという根拠を与えるものではない。そうではなくて、教会員全体に委ねられ、命じられた奉仕を実践するための基礎となるものである」。

教会には職制があります。それは何のためにあるのでしょうか。それは「教会員全体に委ねられ、命じられた奉仕を実践するため」です。この奉仕がまさにディアコニアです。イエス・キリストこそがディアコニアの模範です。そして教会は、ディアコニアを通してそのイエス・キリストを証しするのです。教会の職制も秩序もそのためにあります。決して、「ある者が他の者を支配してよいという根拠」ではありません。

主イエス・キリストの教会においては、ディアコニアこそが大事だということを第四項は明らかにしています。

ドイツ告白教会は、このバルメン宣言によってナチスとの教会闘争を戦ったと言われます。では、実際はどのような戦いをしたのでしょうか。河島幸夫さんによる『戦争と教会――ナチズムとキリスト教』（いのちのことば社、二〇一五年）を参考に見ていきます。

河島さんが紹介しているように、告白教会の戦いは、教会的抵抗、受動的抵抗でした。決して、能動的抵抗、いわゆる政治的抵抗ではありませんでした。マルティン・ニーメラーの弟のヴィルヘルムが、ドイツ告白教会の抵抗を次のように説明しています。

「福音主義的抵抗は、『王と力ある者との前で』、つまり公然と、神の真実を証言することにある。……たとえよく引用される『人に従うよりは、神に従うべきである』という言葉で結ばれていなくても、すべての正義をつくりだす説教、すべての説教壇告知が抵抗であった。告白教会のために献金や会費を集めることが抵抗であった。迫害された者たちの名前を礼拝で読み上げること、彼らのためにとりなしの祈りを捧げることが、抵抗であった。『安楽死』に対して患者を守ることが、抵抗であった。……追放措置を拒否し、演説禁止措置を破ることが抵抗であった。とりわけ迫害されたユダヤ人を救援するすべての努力が、抵抗であった。要するに第三帝国においてキリスト者たらんと欲するものは、この帝国の中では、永久の抵抗状態に身を置くほかなかったのである」（同書、七九頁）。

ドイツ告白教会の抵抗とはこのようなものでした。河島さんが言うように、それは「教会的抵抗であり、教会内抵抗でした。それはまた、受動的で非政治的抵抗でした」（同上）。しかしそのような抵抗でも、多くの牧師たちは投獄されました。約一万九〇〇〇人の牧師のうち、延べ三〇〇〇人の牧師が投獄されたそうです。

彼らは戦争それ自体に明確に反対したり、兵役を拒否したわけではありませんでした。まして、ボンヘッファーのように、ヒトラー政権打倒のための能動的抵抗はしませんでした。ただ、イエス・キリストの教会としての姿勢を貫こうとしました。それが結果的には、教会自身の主観的意図を超えて、客観的には一つの政治的意義を持ったと言えるのです。

5　ウェストミンスター信仰告白に学ぶ

次に、ウェストミンスター信仰告白を見ておきます。教会の対外的ディアコニアを考える上で重要なウェストミンスター信仰告白の規定としては、特に三つの点を挙げることができます。第一に二三章「国家的為政者について」の特に第三節。教会の霊的自律の規定。第二は二〇章二節の良心についての規定。第三は三一章五節にある教会会議の取り扱い事項の規定です。

(1)国家的為政者の宗教や教会に対する権能には限界がある――「教会の霊的自律」

二三章は全体として非常に重要です。ウェストミンスター信仰告白の国家観、教会と国家関係の基本が記されているからです。とりわけ二三章三節が重要だと言えます。それはここに、教会の霊的自律が明確に規定されているからです。

二三章三節は、国教会主義を捨てたアメリカの長老教会において、大きく改定されました。しかし、最初の部分は変えられませんでした。それが「国家的為政者は、御言葉と礼典の務めや、また天国の鍵の権能を自らのものとして取ってはならない」（村川満・袴田康裕訳『ウェストミンスター信仰告白』

［一麦出版社、二〇〇九年］より引用。以下の引用も同書による）の部分です。たとえ国教会主義を取っていたとしても、国家的為政者の真の宗教に対する役割には限界がある。それはカルヴァン以降の改革派の宗教改革者たちの確信でありました。

「御言葉と礼典の務めや、また天国の鍵の権能」というのは、まさに宗教の事柄、教会の事柄です。そこに為政者は介入することはできません。教会と国家はいずれも神に起源を持つものとして並存します。そしてそれぞれに固有の務めを神から与えられています。それゆえ、そのキリストから与えられている固有の務めを無視して、一方が他方を服従させることは許されません。歴史的に言うならば、教会が国家の事柄を支配しようとした教皇主義も、また逆に、国家が教会の事柄を支配しようとしたエラストス主義も許されません。教会も国家も、固有の務めを果たすことによって、神に仕え、それを通して国民の益を図る必要があります。

中世とは違い、宗教改革以降の歴史は、国家が強大化して教会の領域を侵すことがしばしばなされました。それゆえ、特にスコットランドの教会で強く主張されたのが、教会の霊的自律、信仰上の独立、スピリチュアル・インデペンデンスでした。つまり、教会の頭はイエス・キリストであり、教会にはそのキリストから委ねられた独立した権能があるのであって、その部分には国家といえども決して立ち入ることはできない、という主張です。この教会の霊的自律の主張が、この二三章三節に明らかです。そしてウェストミンスター信条を採用した教会は、歴史上、この霊的自律にために戦ってきたのです。

(2)キリスト者にとっての良心――「神のみが良心の主」

ウェストミンスター信仰告白二〇章二節はキリスト者の良心についての規定です。

「ただ神のみが良心の主であって、神は、何事においてであれ、その御言葉に反するような、また、信仰や礼拝に関わる事柄であれば、御言葉に付加されるような、人間の教説と戒めから、良心を自由にされた。それゆえ、良心に従って、そのような教説を信じたり、そのような戒めに従うことは、真の良心の自由に背くものである。そして黙従的信仰や、理解を伴わない絶対的服従を要求することは良心の自由とさらには理性の自由をも破壊するものである」。

第一に、「ただ神のみが良心の主」であるということです。つまり、良心は自らが主人になるのではありません。良心は主を持つのであり、それが神であると告白されています。良心は、主人ではなく、しもべとして働く必要があります。神の言葉に一致して働く必要があるのです。

第二に、神はキリスト者の良心を自由にされたことです。何事においてであれ、御言葉に反することからは自由にされました。また、「信仰や礼拝に関わる事柄であれば」、「御言葉に反する」だけでなく、「御言葉に付加されるような、人間の教説と戒めから」も、良心は自由にされました。

第三に、人間の良心は誤って機能することがあることです。二節の中に「それゆえ、良心に従って、そのような教説を信じたり、そのような戒めに従うことは、真の良心の自由に背くものである」とありました。

つまり人間は、「御言葉に反するような」、また「御言葉に付加されるような」「人間の教えと戒め」であっても、それに「良心に従って」服従するということが起こりうるのです。自らの良心に従いつつ、「真の良心の自由に背く」ことが起こり得ます。良心は決して無謬のガイドではありません。それは聖書も教えていることです（Ⅰテモ四・一―三、エフェ四・一九、テト一・一五）。

良心は決して無謬のガイドではありません。それは汚れたり、無感覚になったり、神への恐れを失うこともあり得ます。さらには、良心が人々を滅びに導いてしまうことさえもありうるのです。

以上、良心についての三つの要点から、良心に関連した教会の責任を考えなければなりません。それは教会員の良心を神の言葉によって教育することです。良心それ自体は、誤って機能することが起こり得ます。ですから神の言葉によって、良心は聖められなければなりません。教会員の良心が御言葉に結びつけられて、人を恐れるのではなく、神を畏れる人として整えられることが大切なのです。

そして良心の関連で言えるもう一つのことは、国家権力が良心の主になろうとしていることに対して、教会は無自覚でいてはいけないということです。二〇〇六年に教育基本法が改正されてしまいました。改定前の教育基本法は、戦前の教育の反省から生まれたものです。そこでは、国家の教育権が否定されていました。しかし二〇〇六年に、この国家の教育権を否定する条文が改定されてしまいました。自民党の新憲法草案もこれと規を一にしています。つまり、国民の内心に介入し、支配しようとする権力の意図は一貫しているのです。

内心が支配されるということは、人の目的が国家に結びつけられることであり、国家が良心の主になろうとしているということです。このことは「良心の主は神のみ」と告白する私たちの信仰と対立します。内心への国家権力の介入の意図に対して、私たちは信仰の立場からこれを拒み、戦う必要があります。

⑶ 教会会議は何を扱うべきか

ウェストミンスター信仰告白三一章は、教会会議について扱っています。その第五節は「教会会議の扱う事柄」を述べています。

「総会議（シノッド）と大会議（カウンシル）は、教会に関わる事柄以外の何事も扱ったり決定したりすべきではない。そして国家に関わるこの世の問題に干渉すべきではない。もっとも、特別な場合に謙虚な請願という仕方であるいは為政者からそうするように要求された場合、良心を満足させるため、助言という仕方でならば、その限りではない」。

原則として、教会会議は「教会に関わる事柄以外の何事も扱ったり決定したりすべきでは」ありません。しかし「特別な場合」には、その限りではありません。この「特別な場合」が何を意味するかを具体的に特定することは容易くありません。しかし、確かなのは、この三一章五節を根拠に、単純に、教会は政治のことに関心を払う必要がないとか、政治的な発言や行動を教会はしてはならないなどと主張することには無理があることです。

教会が教会に関する事柄にもっぱら関わるのは当然のことです。しかし、「特別な場合」には、教会は「謙虚な請願」という仕方であれ、明確に政治的な声を挙げなければなりません。

そして三一章五節の作成過程に注目すれば、議論の途中で付加された「特別な場合」とは、国家的為政者が自らの託された範囲を越えること、教会の主権を侵すことが念頭にあると考えるのが、自然ではないかと思います。

つまり、国家的為政者が自らの託された範囲を越えて、教会の主権を侵すことがあれば、教会はある意味積極的に国家に関わる事柄に干渉すべきであると言えるでしょう。教会の信仰上の独立、霊的自律こそが、教会の命に関わるものであるという理解が、ここにもあるのだと言えます。

6　おわりに

最後にまとめておきます。

①神の民、とりわけキリスト者の生活はディアコニアという言葉で定義づけられる。そのことは、旧新約聖書が一貫して教えていることである。

②ディアコニアの最大の模範は主イエス・キリストである。キリスト者はキリストを模範として、賜物を生かして遣わされた場でディアコニアに励む必要がある。

③教会はこの「仕える務め」を主として制度的形態において担ってきた。宗教改革は、ディアコニアの再認識・再構築の時であった。

④対外的ディアコニアの実践について、今日の福音派の姿から教えられることが多い。

⑤バルメン宣言は、キリスト者ではなく教会の担うディアコニアの責任を明確にしている。告白教会の戦いは、教会的抵抗・受動的抵抗であった。

⑥「対外的ディアコニア」について、ウェストミンスター信仰告白から学べる戦いの視点は「教会の霊的自律」と「良心の主」である。

ディアコニアと政治問題への関わりについて一言付け加えておきます。カルヴァン研究者の渡辺信夫先生が、「教会の課題としてのディアコニア」（『今、教会を考える』新教出版社、一九九七年所収）という文章で次のように語っておられます。

「ディアコニアと政治問題はほとんど常に結びついている。政治の貧困がさまざまな災害を生み、救援を必要とする人々を作るからである。政治を良くすることはディアコニアの一種に違いない。したがって、教会の働きの一環として政治運動を位置づけることが広い意味ではできる。それはなすべきことの一つである。

しかし、今はディアコニアと政治は、行動方式としては別のものとして扱いたい。……政治は権力の獲得と行使であり、機構を作っていくことである。それに携わる人が隣人愛の動機によって、力を尽くし、精神を尽くすことはあるとしても、人格的関わりは政治に直接には現れない。ディアコニアにおいては権力と無関係な人格的関わりに終始する。したがって、ディアコニアと政治は、神への愛と隣人への愛という共通基盤を持つが、直接的な奉仕と間接的な奉仕の領域上の違いがある。その違いをわきまえていることが大切である」（同書、一六三―一六四頁）。

私は渡辺先生の言われることがよく分かります。両者は結びついているけれども違いがあり、その違いをわきまえていないと落とし穴に陥る危険性があるということです。渡辺先生は「ディアコニアの場が政治闘争に引き込まれてはならない」（同書、一六四頁）と述べておられますが、私もそう思います。

教会はどこまでもイエス・キリストの真の教会であることを貫いていく。それが結果として政治性を持つこともある、というのが基本だと思います。それが、ドイツ教会闘争のあり方であり、基本的に私もその立場に立つことが大切だと思います。

コロナ禍のもとで考えたこと

1　はじめに

二〇二〇年は新型コロナウイルスの危機に見舞われました。誰もが予想できなかったことです。この半年間、世界も日本も、社会のあらゆる組織や人々が、コロナ対策に取り組むことになりました。コロナ危機にはいくつかの側面があります。第一に、感染症そのものから来る医療的な危機です。不知の病ゆえの恐ろしさ、症状のない人からも感染するという特殊性から来る恐怖、医療崩壊の危機などです。第二に、感染を抑えるための活動自粛によって引き起こされた経済的な危機です。収入や職を失う人たちが急増しました。とりわけ、非正規雇用の人たちが深刻です。第三に、精神的な危機です。経済的に将来への不安を抱えている人たちが精神的に追い詰められています。また、家族が自宅で過ごす時間が増えたことによって、家族間の緊張が高まり、ＤＶなどの問題も増加しています。さらには、追い詰められた閉塞感の中で、その攻撃性を他者に向ける傾向も現れています。いわゆる「自粛警察」や、中国人への差別などがその典型です。

そしてキリスト者として第四に、霊的な危機を挙げなければなりません。公的礼拝や交わりが大きく妨げられました。人に関わるような、積極的な伝道活動は不可能になりました。これは深刻な霊的問題を引き起こしていると思います。

2　教会は神に対する責任を果たしてきたのか

コロナ危機の中で、キリスト教会も対応を迫られました。諸集会の中止、聖餐式の中止、さらには公的礼拝の中止。代わりに多くの教会でオンラインでの配信がなされました。急速なコロナ危機の進展の中で、多くの教会では牧師と役員が中心となって、懸命に対応したと思います。しかし、第一波を終えたと思われる現段階（二〇二〇年七月上旬）で、これまでの教会の対応を振り返っておくことは大切だと思います。

私の根本的な問いは、「教会は、神のことよりも人のことを中心に考えていたという面がないだろうか」というものです。教会は、人の命、とりわけ肉体的な命を守ることを優先しました。それはやむを得なかったと思います。しかしその一方で、私たちの基本的態度は、あまりに人間を中心にしたものではなかったかという思いがどこかに残ります。「神のこと」をどれだけ考えていたのか。バランスが崩れていなかったでしょうか。四つのことを取り上げます。

第一に「神礼拝」です。神礼拝は霊肉統一体である人間の全体をもってなされるものです（ロマ一二・一）。心だけでなされるのではありません。御言葉を聞ければそれでよいのではありません。自分の全体で神を礼拝、全体で主の晩餐にあずかるのです。教会の命は公的礼拝にある、と私たちは告白してきました。公的礼拝が教会の命であるなら、礼拝の中止は、教会の死を意味します。主イエスは「二人または三人がわたしの名によって集まるところには、わたしもその中にいるのである」（マタ一八・二〇）と言われました。これは霊肉統一体である人間が共に集まることですから、オンラインではできません。「同じ場所に集まる」ということです。キリストの御名によって同じ場所に集まるところに、キリストの臨在があるのです。同じ場所に集まることがなければ、見える教会は存在しません。同じ場所に集まって、御言葉を聞き、聖餐にあずかる。それが教会の命です。

この原則に堅く立つならば、集まれないことの危機感は際立ちます。オンライン礼拝は本当の礼拝ではありません。オンラインによって御言葉の恵みにあずかれれば、それでよいのではありません。そこに力を入れればよいのではありません。また「礼拝の中止」という言葉に私は耐えられません。公的礼拝が教会の命であると信じているなら、どんな形であったとしても、礼拝は続ける以外にはないと思います。

第二に「神の民を養うこと」です。神の民は、何より公的礼拝によって、また諸集会によって霊的に養われてきました。しかし、集まれないとすれば、教会員の霊的命は弱まり、枯渇してしまいます。それゆえ牧師と役員は、平時以上に、神の民を霊的に養うことに力を注がなければなりません。その際大切なのは、教会員とのパーソナルな関わりです。それまでは、共に礼拝をささげ、顔を合わせて安否を問うという出会いが毎週ありました。それがなくなったのですから、それを補うために、どのような個人的関わりができるかを考えなければなりません。感染症に注意しつつも、訪問や、手紙や、電話などが必要でしょう。オンライン礼拝の参加や説教原稿の送付だけで、民を霊的に養うことはできません。肉体的な命への配慮は声高に語られますが、霊的命への配慮は十分だったと言えるのでしょうか。

一四世紀にヨーロッパでペストが大流行した際、人口の三分の一が死亡したと言われますが、その中で聖職者の死亡率は五、六割でした。なぜなら、彼らは病の人たちを見舞い、患者の最後を看取る中で、自らも感染していったからです。ウイルスの危険が分かっている現在では、もちろん何をするにも細心の注意が必要です。しかし、命をかけて「神の務め」を果たそうとしたその志を、牧師はやはり忘れてはならないのではないでしょうか。

第三に「福音の宣教」です。病と死の問題は、人間存在に関わる根本的な問題です。福音書を見れば、病と死の問題に苦しむ人たちが主イエスを訪ね、主からの癒しを与えられました。イエス・キリストにこそ、病と死の問題に対する真の解決があります。それゆえキリスト者と教会は、このコロナ禍についても、この世の人たちとは違う視点を持つことができるはずです。コロナウイルスも神のご支配の下にあります。ですから、この世の人たちと同じレベルで怖気づく必要はありません。また、コロナウイルスは確かに私たちの肉体を壊し、場合によっては死に至らしめることができますが、しかし魂を滅ぼすことはできません。

こうした時代の中で、教会は、死に対する勝利の希望を、どれだけ高らかに語っているのでしょうか。福音の希望を、どれだけ確信をもって語っているのでしょうか。

カミュの『ペスト』が読まれています。カミュは、感染症が蔓延して閉鎖されたオランの住民の間で「言葉が腐食していった」ことを描いています（田中純「生の弱さの底に降りていく」『世界』二〇二〇年七月号）。『ペスト』にはこうあります。「他人が真の心の言葉を見つけ出せない以上は、彼らも初めから観念して売りものの言葉を採用し、自分もまたありきたりの形式で、単純な叙述や雑報や、ある点で毎日の新聞記事のような形式で話すのであった。この場合にもまた、最も真実な悲しみが、会話の陳腐な語法に翻訳されてしまうことが通例となったのである」（宮崎嶺雄訳、新潮文庫、一九六九年、一〇九頁）。疫病によって、言葉が病んで、枯渇していく。それはまさに、コロナ禍で現実となっているのではないでしょうか。「売りものの言葉」「ありきたりの形式」「新聞記事のような形式」で、コロナ禍について語られる。みんなが同じ言葉を語ります。その中で教会は、独自の言葉を語っていると言えるでしょうか。この世と同じレベルでコロナ禍のことを論じているということはないでしょうか。教会でしか聞くことのできない言葉が語られていると言えるのでしょうか。

第四に「教会の自律性」です。コロナウイルスの蔓延によって社会は急速に変化しました。死につつある人に付き添うことは、人間社会にとって欠くことのできないものですが、それすらも許されなくなりました。緊急事態を宣言して発動される権力を警戒していたはずのリベラルな人たちが、今回は早く緊急事態を宣言せよと言い出しました。強制力を望む傾向さえありました。わずかの間に、物事の許容範囲が変わったのです。

そうした変化の中で、教会はどうだったのでしょうか。行政からのさまざまな要請がありました。近隣からの眼差しという社会的なプレッシャーもありました。それらを無視することはできないでしょう。しかしそれでも、「教会の事柄」を教会は本当に自律的に考えて決断したと言えるのでしょうか。公的礼拝のこと、聖餐式のことは、イエス・キリストから教会に委ねられている事項です。国家権力の介入を許してはいけない事柄です。国家権力が礼拝の中止を命じても、その理由で教会は礼拝を中止にすることはできません。行政が集まってよい人数を決めたからといって、私たちは、ただそれに従って礼拝の形を決めることはできません。私たちはキリストに対する責任の中で、自律的に考え、決断する必要があります。

私が今回特に感じたのは、教会は簡単に社会の風潮に呑み込まれるということです。確かにコロナ対策としてはさほど問題はなかったかもしれません。しかし、たとえば戦争になって社会がそれ一色になったとき、果たして教会は、それに流されない自律性を持てるのでしょうか。

3 今後のこと

長崎大学の山本太郎さんは、一四世紀のペストは、教会の権威の失墜と国家の台頭を招き、中世は終焉を迎え、強力な主権国家を形成する近代を迎えたと述べています。ペストが旧秩序に変革を迫ったのです。彼は「感染症は社会のあり方がその様相を規定し、その流行した感染症は時に社会変革の先駆けになる」と述べています（山本太郎「パンデミック後の未来を選択する」『世界』二〇二〇年七月号）。

今回の感染症を受けて、社会がどう変わるかは、まだ分かりません。ただ一つ思うのは、私たちは、教会がもとのように戻ることだけを考えるのではいけないのではないか、ということです。特殊な経験をしました。それゆえ、変わらないものを持っているはずの教会が、果たしてそれにふさわしく歩めたのかを、今の段階で自省しなければならないのではないでしょうか。

変わらないもの、また変えてはいけないものがはっきりしていなければ、大きな変化に教会は呑み込まれてしまいます。変わらないものを明確に自覚しつつ、教会は主体的に考える姿勢を持つ必要があります。その時にのみ、たとえ大きな社会変革が起こったとしても、時代を超えて、イエス・キリストの教会としての証しを立てることができるのです。

教会の主、また国家の主であるイエス・キリスト

1　はじめに

教会は政治的なことに関わるべきではないという意見と、積極的に社会や政治に関わっていく責任があるいう意見があります。日本の多くの教派において、同じような議論があるのではないでしょうか。しかし、この議論がかみ合って建徳的な議論を積み重ねていくことは容易くありません。なぜなら、議論をする上での共通の土台が十分ではないからです。福音主義信仰という土台だけで、こうした問題についての広いコンセンサスを作ることは容易くありません。

歴史的に見ても、この問題はキリスト教会にとって一つの神学的課題でした。つまり、この問題については歴史的な議論の蓄積があり、それがコンセンサスとしてまとめられていくということがなされました。

たとえば、宗教改革時代に作成された多くの信条に「教会と国家」についての告白が含まれています。教会と国家をめぐる長い歴史を経て、一つの立場を表明し、それに立って教会はさらに歴史を刻んできました。その延長線上に今日の私たちがいます。そのことを踏まえずに、自由にこのことを考えるとしたら、なかなか議論をまとめるのは難しいと思います。

その点、日本長老教会と私が所属する日本キリスト改革派教会は、ウェストミンスター信条という

共通の基盤を持っています。これは本当に大きなことです。しかし、ウェストミンスター信条を採用していれば、教会はいつも同じような社会や政治に対する関わりをするのかといえば、それほど単純ではありません。共通の堅固な土台があったとしても、その上で、丁寧にコンセンサスを作り上げていく必要があります。

2　前提となる二つのこと

最初に、議論の前提として二つのことを確認しておきたいと思います。

第一は、聖書はイエス・キリストを教会の主であるのみならず、国家の主であると教えていることです。イエス・キリストは「わたしは天と地の一切の権能を授かっている」（マタ二八・一九）と言われました。エフェソの信徒への手紙は一章二〇―二一節でこう述べています。

「神は、この力をキリストに働かせて、キリストを死者の中から復活させ、天において御自分の右の座に着かせ、すべての支配、権威、勢力、主権の上に置き、今の世ばかりでなく、来るべき世にも唱えられるあらゆる名の上に置かれました」。

さらに、コロサイの信徒への手紙一章一五節から一七節にはこうあります。

「御子は、見えない神の姿であり、すべてのものが造られる前に生まれた方です。天にあるものも地にあるものも、見えるものも見えないものも、王座も主権も、支配も権威も、万物は御子において造られたからです。つまり、万物は御子によって、御子のために造られました。御子はすべてのものよりも先におられ、すべてのものは御子によって支えられています」。

聖書ははっきりと、イエス・キリストは王の王、主の主だと語ります。国家もイエス・キリストの権威の下にあります。それゆえ国家的為政者は、神の目的を担って立てられた存在です。それが聖書の教えです。神が立てられたがゆえに、国民は基本的に国家的為政者に従わなければなりません。しかし、為政者は神によって立てられた存在ですから、その権能には自ずから限界があります。神が委ねられた分を超えて絶対的権能を主張したり、専制政治化した場合には、私たちには服従する義務はありません。むしろ抵抗することが義務になります。

第二の前提は第一の前提から必然的に引き出されるものです。つまり、国家がイエス・キリストの権威の下にあり、国家的為政者が、神の目的を担って神によって立てられているとするならば、国家のこと、国家為政者のことは神学の課題であるということです。

国家のこと、国家的為政者のことは、「政治のこと」として退けるのではなく、信仰の視野の中でしっかりととらえなければなりません。つまり、それらは信仰告白されるべき事柄なのです。

宗教改革時代の信条を学べばそのことはすぐに分かります。宗教改革時代の正統的なプロテスタントの信仰告白は、通常、国家的為政者についての告白を含んでいました。つまり、宗教改革諸信条においては、国家的為政者の問題、国家権力の問題は、まさに信仰告白の問題でした。

そして信仰告白の問題であったがゆえに、その面での闘いは、まさに信仰の闘いでありました。国家や国家権力というものは、当然のごとく、信仰の視野の内に収められていました。この意識の回復が、今日重要ではないかと思います。

政教分離の時代の中で、ともすれば、信仰を内心の問題として、信仰と社会問題を切り離す傾向があります。確かにすべての社会問題を教会が取り組むべき信仰の問題とすべきではありません。しかし、少なくとも国家権力の問題を信仰の視野に収める意識の回復が重要であると思います。

3　ウェストミンスター信条を採用している教会としての筋道

続いて、ウェストミンスター信条を教会の信仰規準として採用している教会としての筋道を考えてみます。日本長老教会も、私が所属する日本キリスト改革派教会も、ウェストミンスター信条を教会の信仰規準として採用しています。そして、一七世紀半ばにスコットランド教会がウェストミンスター信仰告白を教会の信仰規準として受け入れて以降今日まで、世界中の多くの教会が、ウェストミンスター信条を教会の信仰規準として受け入れてきました。

では、ウェストミンスター信条を採用した教会は、政治との関わりにおいて、常に同じようなスタンスを取り続けたと言えるでしょうか。単純にそうは言えないと思います。むしろ、教会の政治との関わり方は、しばしば議論の対象になりました。

たとえば一九世紀のアメリカです。北長老教会のチャールズ・ホッジと南長老教会のジェームズ・ソンウェルが論争したことの一つの争点がそれでした。ホッジとソンウェルはいずれもウェストミンスター信条を強く支持した一九世紀の代表的な神学者です。

一番大きな問題は奴隷制でした。ホッジは、漸進的解放論を支持していました。奴隷制は神の法に反するもので廃止されなければならないけれども、社会不安を招かないように、また黒人が生きていけるだけの教育を施すなどの準備をして、少しずつ廃止を実現していくという立場です。

これに対してソンウェルは、教会の霊性を強調し、教会は奴隷問題に巻き込まれるべきではないと主張しました。教会は政治的論争に巻き込まれるべきではなく、社会改革のための運動に支持を与えるべきではない。教会は聖書の義務を果たすことができるだけで、奴隷制は教会が支持も非難もすべきでない政治的事柄と考えたのです。ソンウェルは偉大な神学者ですが、果たしてこのソンウェルの主張は、歴史の批評に耐えうる判断であったと言えるでしょうか。

オランダ改革派教会においても、この種の議論はありました。それは、ナチス・ドイツに対する態度をめぐってです。ナチスを支持したオランダの「国家社会主義運動」（ＮＳＢ）に対する姿勢が問題となりました。このＮＳＢは、キリスト教の保護や、完全な宗教の自由および良心の自由を保証すると言っていました。しかし、そこには一つの留保がありました。それは「国家的一致を損なわない限り」というものです。

カンペン神学校教授のクラウス・スキルダーは、そこに国家絶対主義、国家の神格化を見て取り、ＮＳＢと真っ向から戦いました。ＮＳＢの全体主義的権力国家の理念を聖書に反するものと考えました。しかし、彼に反対する者たちがいました。アブラハム・カイパーの息子、ヘルマン・カイパーです。ヘルマン・カイパーは「ＮＳＢは原理を持たない政治的党派であって、教会は政治的なことに関わることは許されていない」と主張したのです。

この議論に関連するスキルダーの有名な言葉がありますので、それを紹介しておきます。彼はこう述べています。

「政治と教会。これらは二つのものなのか？　確かにそれらは二つのものでもある。しかし、生きるということは一つのことなのだ。一つの領域で機能する原理は、他の領域においても精神を一定の方向に強いることになるのである。教会的・神学的領域において説教されたことが、他の領域においても、例えば政治的領域においても、働く者たちを通り過ぎることはありえないのである」（袴田康裕編『平和をつくる教会を目指して』一麦出版社、二〇〇九年、七一頁）。

以上見てきたように、改革派であれ長老派であれ、教会の政治との関わりはしばしば議論になってきました。それは今日もそうです。事柄を単純化することはできません。いや、事柄を単純化することは危険だと言えるでしょう。単純な議論による結論は、ほとんど教会の力にはならないからです。保守的な改革派信仰、あるいは共通の信仰規準を持っていても、立場はしばしば分かれました。ならば私たちはどうしたらよいのでしょうか。丁寧な議論を経て、教派としてのコンセンサスを作る必要があります。

現代の日本にある、ウェストミンスター信条を採用する教会として、私たちはどういう立場に立つのか、そのコンセンサスを作るために欠かすことができないことが三つあります。

第一は、ウェストミンスター信条、とりわけウェストミンスター信仰告白をしっかりと釈義することです。

教会の信仰規準なのですから、当然、これが議論のベースになります。ウェストミンスター信仰告白は、もちろん、聖書の普遍的な教えを言い表しているものですが、しかしそれは同時に、歴史的文書でもあります。それゆえ、それを今日に生かすためには、どうしても文法的・歴史的に丁寧に釈義しなければなりません。

第二に、長老主義教会の歴史を学ぶことです。ウェストミンスター信条を採用した教会は、歴史の中でいったいどういう戦いをしてきたのか。何と戦い、あるいは何と戦わなかったのか。そこから汲み取れることは何か。

第三は、日本の教会史、特にプロテスタントの歴史を学ぶことです。とりわけ戦中の教会の姿を私たちは知らなければなりません。そこにはいかなる言い訳も通用しないような教会の姿があります。どうしてそうなったのか。その原因は何か。そしてそれを今日の教会は克服していると果たして言えるのか。このことも真剣に考えなければなりません。

ウェストミンスター信条の釈義をベースに、長老教会の歴史に学び、さらに日本のプロテスタント教会の歴史の教訓を踏まえて、今、私たち長老主義教会は、主の御前にどういう態度を取ることが求められているかを考えていく。丁寧な議論を経て、みんなが信仰の事柄として、腹に収まるようなコンセンサスを作っていく。そうして、信仰の言葉で語れるようになっていくことが大切なのだと思います。

4　ウェストミンスター信仰告白における「教会と国家」

今挙げました三つのことについて見ていきます。第一は、ウェストミンスター信仰告白の釈義に基づいた「教会と国家」についての理解です。二三章「国家的為政者について」の基本理解を命題的に確認しておきます。七つの命題を挙げます。

①国家的為政者または国家的統治は神の制定である。

ウェストミンスター信仰告白二三章一節にはこうあります。

「全世界の至上の主であり王である神は、御自身の栄光と公共の益のために、御自身の下にあって、民の上に立つものとして、国家的為政者を定められた」（村川満・袴田康裕訳『ウェストミンスター信仰告白』一麦出版社、二〇〇九年。以下の引用もこれによる）。

国家的統治または公権は、神のご意志から出て設置されているという主張です。この考えはカルヴァンも同じです。

改革派諸信条は、ほぼ共通してこのことを明記していますが、それは国家的支配者の必要を時に否定した再洗礼派を非難するためでありました。このように改革派諸信条は、国家的統治が神の制定であることを強調しましたが、その統治形態についてはほぼ沈黙しています。それはウェストミンスター信仰告白も同じです。

カルヴァンによれば、どの統治形態が一番良いかという問題は、原理的なものには属していませんでした。確かに絶対君主制に対しては厳しい姿勢を見せますが、君主制に原理的に反対するわけでもありません。また彼を今日的な意味での民主主義の擁護者と見ることもできません。

カルヴァンは、現実感覚を発揮してより望ましい統治形態を考えていました。しかし最も重要なことは、統治形態に関わらず、公権は神が立てられたものであり、人には服従の義務があるということでした。

②国家的統治は、神の栄光と公共の益のために定められている。

これも二三章一節に明記されていることです。国家的統治を制定されたのが神ですから、これが究極的に神の栄光のためであることは当然です。国家的為政者は、神からの委託を受けて職務を果たすのであり、神に対して責任を負っています。為政者は民衆の社会契約によって立てられ、それゆえ民衆に責任を負うのではなく、神によって立てられ、公共の益のために働くことにおいて、神に対して責任を負うのです。

③国家的為政者の務めは敬虔と正義と平和の維持である。

二三章二節にはこうあります。

「キリスト者は為政者の職務に召されるとき、それを受け入れて果たすことが合法的である。その職務の執行に当たって、彼らはそれぞれの国の健全な法律に従いつつ、特に敬虔と正義と平和を維持するようにすべきである」。

信仰告白はここで為政者の務めとして三つのことを挙げています。第一は、国民の敬虔の促進に努めること。ウェストミンスター信仰告白だけでなく改革派の宗教改革者たちは、いずれも国教会制度を考えており、その中で為政者が真の宗教の促進のための役割を果たすことを義務だと考えていました。

第二は正義の維持です。社会正義の実現は、公共の益の主要なもので、それゆえ二三章一節では「この目的のために、剣の権能を身につけさせて、善き者たちを守り励まし、悪を行う者たちを罰するようにさせておられる」と記しています。

第三は平和の維持です。そして二三章二節はこの「敬虔と正義と平和を維持する」という目的のために、為政者は「新約の下にある今日も、公正で、やむを得ない場合に、戦争を行うことは、合法的で、許される」と述べています。

④公権の課題の遂行には法が欠かせない。
二三章二節には、為政者は「その職務の執行に当たって、彼らはそれぞれの国の健全な法律に従いつつ」行うことが明記されています。国家的統治は基本的に法に基づいてなされるというのが、ウェストミンスター信仰告白の立場です。

⑤被治者は基本的に公権に対して服従する義務がある。
二三章四節はこれについて、次のように記しています。

「為政者のために祈り、彼らの人格を尊び、彼らに税とその他の納めるべきものを納め、その合法的命令に従い、その権威に服すること（すべて良心に従ってである）は、国民の義務である。不信仰や宗教上の違いは、為政者の公正で法的な権威を無効にはせず、また彼らに対する当然の服従から国民を解き放つこともない」。

四節にあるように、キリスト者は単に国家的為政者や国家的統治を黙認するのではなく、それを受け入れ、積極的に服従することが命じられています。それは言うまでもなく、その為政者が神によって立てられたからです。それゆえ、基本的に被治者は公権に対して、敬意をもって義務を果たす必要があります。それが、祈ること、彼らの人格を尊ぶこと、税などの義務を果たすこと、合法的命令に従うこと、権威に服することです。

問題は、為政者が異なる信仰を持っていたり、また邪悪である場合です。しかし信仰告白は、「不信仰や宗教上の違いは、為政者の公正で法的な権威を無効にはせず、また彼らに対する当然の服従から国民を解き放つこともない」と明記します。統治者が神によって立てられた者であるがゆえに、服従義務があるのです。

ウェストミンスター信仰告白は服従義務の限界については特に明記していません。しかし、国家的為政者が神の委託を受けて、神によって立てられたのですから、キリスト者の服従義務は決して無制限ではなく、ある限界があることを示していると言えます。

改革派諸信条の中には、服従の限界を明記しているものもあります。ジョン・ノックスが起草したスコットランド信仰告白は、服従の限界だけでなく、為政者に対して抵抗することさえ、キリスト者の義務になりうるとさえ述べています。

⑥国家的為政者には真の宗教を促進する義務がある。

二三章三節にはこうあります。

「国家的為政者は、御言葉と礼典の務めや、また天国の鍵の権能を自らのものとして取ってはならない。とはいえ、国家的為政者は権威を持っており、教会の中に一致と平和が保持され、神の真理が純粋かつ完全に保たれ、すべての冒瀆と異端が抑えられ、礼拝と規律におけるすべての腐敗と悪弊が予防されまた改革され、神の規定がすべて適切に定められ、執行され、遵守されるように、整えることがその義務である。それをより良く達成するために、国家的為政者は教会会議を招集し、それに出席し、そこで取り扱われることがすべて神の御心に従ったものになるように注意を払う権能を持っている」。

この節を理解するには、その歴史的背景を知る必要があります。宗教改革以来、改革派の神学者はすべて国教会主義者でありました。つまり、自由教会の存在を認めず、一つの国には一つの宗教としての改革派のキリスト教があり、すべての市民がその教会員となるという体制です。

ウェストミンスター神学者会議が目指していたのも同じです。三王国を一つの宗教でまとめる、長老主義国教会体制を目指していました。そしてそのようなキリスト教国家であるがゆえに、キリスト者である為政者も真の宗教の促進に対する義務があるとされていました。

このように、当時の長老主義は国教会主義を前提としていました。しかし、アメリカに渡った長老主義者たちは、この前提を破棄しました。それは彼らが少数派として迫害されたからで、彼らはむしろ寛容のために戦いました。合衆国長老教会はそれゆえ、アメリカ革命後の一七八八年にこの二三章三節を改訂しました。それが次のものです。

「国家的為政者は御言葉と礼典の務めや、また天国の鍵の権能を自らのものとして取ってはならない。また信仰上の事柄に少しでも干渉してはならない。とはいえ、養父として、われわれの共通の主の教会を保護することが国家的為政者の義務であって、その際、彼らはキリスト者のどの教派をも他の教派よりも優遇せず、およそすべての教会の人々が、暴力や危険なしに、それぞれの聖なる役割を果たすことができる十分な、独立した、そして疑問の余地のない自由を持つことのできるようにしなければならない。そしてイエス・キリストはご自分の教会に正規の政治と規律を定めておられるので、どの国のどんな法も、キリスト者のどの教派であれ、その自発的会員が自分自身の告白と信仰に従って教会の政治と規律を正当な仕方で行使するときに、それに、干渉したり、邪魔したり、妨害したりすべきではない。何びとも宗教または無信仰を口実にして他の誰にも、いかなる侮蔑、暴力、虐待、傷害を加えることを許さないように、効果的方法で、すべての国民の人身と名声を保護すること、そして、すべての宗教的、教会的集会が邪魔や妨害なしに開催されるように適宜な手段をとることが、国家的為政者の義務である」。

ここには、国教会主義の放棄が明記され、為政者の義務は、信条や教会政治の区別なしに、公的活動における教会の法的保護に制限されています。私が所属している日本キリスト改革派教会は、この改訂版を採用しています。国教会主義を捨てたことによって、為政者の宗教に対する役割は極めて限定的になりました。しかし、彼らには、教会の存在と、宗教活動を認め保護する義務があるのです。

⑦国家的為政者の宗教や教会に対する権能には限界がある。

二三章三節が、大きく改訂されたという話をしましたが、変えられなかったのが最初の部分です。「国家的為政者は、御言葉と礼典の務めや、また天国の鍵の権能を自らのものとして取ってはならない」。

たとえ国教会主義を取っていたとしても、国家為政者の真の宗教に対する役割には限界があります。それはカルヴァン以降の改革派の宗教改革者たちの確信でした。

「御言葉と礼典の務めや、また天国の鍵の権能」というのは、まさに宗教の事柄、教会の事柄です。そこに為政者は介入することはできません。教会と国家はいずれも神に起源を持つものとして並存します。そしてそれぞれに固有の務めを神から与えられています。それゆえ、そのキリストから与えられている固有の務めを無視して、一方が他方を服従させることは許されません。

歴史的に言うならば、教会が国家の事柄を支配しようとした教皇主義も、また逆に、国家が教会の事柄を支配しようとしたエラストス主義も許されません。教会も国家も、固有の務めを果たすことによって、神に仕え、それを通して国民の益を図る必要があります。

宗教改革以降、国家が強大化して教会の領域を侵すことがしばしばなされました。それゆえ、特にスコットランドの教会で強く主張されたのが、教会の霊的自律、信仰上の独立、スピリチュアル・インデペンデンスでした。つまり、教会の頭はイエス・キリストであり、教会にはそのキリストから委ねられた独立した権能があるのであり、その部分には国家といえども決して立ち入ることはできない、という主張です。この教会の霊的自律の主張が、この二三章三節でも明らかです。そしてウェストミンスター信条を採用した教会は、歴史上、この霊的自律にために戦ってきたのです。

日本の教会においては、今もなお、この「霊的自律、信仰上の独立、スピリチュアル・インデペンデンス」の意識が希薄だと思います。戦前、戦中の教会の歴史を学べばすぐに分かることですが、この神学的確信を持って教会が戦うことは極めてまれでした。むしろ、教会を守るためという名目で、キリストが教会に委ねられた事柄、すなわち教会の事柄にさえ国家の介入を許していきました。礼拝の中で、宮城遥拝が行われ、君が代が歌われました。また、説教の内容に権力が介入しました。

私たちが日本国憲法の定める信教の自由や政教分離が重要だと考えるのは、その規定によって、国家権力が神から委ねられている領域を越えることを押しとどめ、また教会の霊的自律を侵害することを阻止しているからです。聖書的な国家と教会の姿を実現する上で、政教分離規定は非常に重要です。

私たちがいつも自覚していなければならないことは、とりわけ日本においては、歴史が明らかにしているように、歯止めがなければ国家権力は必ず、国民の内心の支配を試みるということです。私たちの内心、信仰にまで干渉しようとします。教会の固有な事柄にまで介入しようとします。

私たちにとって、教会の戦いの基軸になるものは、この教会の霊的自律、信仰上の独立です。ウェストミンスター信仰告白ははっきりと「主イエス・キリスト以外に、教会の頭はない」（二五・六）と告白し、また「主イエスは自らの教会の王また頭として、そこに国家的為政者とは全く別の、教会役員の手による政治を定められた」。「これらの役員たちに天国の鍵が委ねられている」（三一・一―二）と述べています。

御言葉と礼典、礼拝、天国の鍵、信仰教育、こうした霊的事項は、イエス・キリストが教会に委ねられたことであって、国家の介入を許してはなりません。この霊的自律の意識をしっかり持つことが、今日ほど必要とされている時代はないのだと思います。

5　教会会議は何を扱うべきか

今日議論のある論点を一つ取り上げます。それは、教会会議はもっぱら教会に関することだけを扱うべきで、政治的なことを扱うべきではないという意見で、その根拠としてウェストミンスター信仰告白三一章五節が用いられているようです。まず改革派委員会訳で三一章五節を読みます。

「地方会議や総会議は、教会的な事柄以外の何事も取り扱ったり決定してはならない。また非常の場合における謙虚な誓願として、あるいは国家的為政者から求められた場合には良心の満足のための助言として以外は、国家に関係している世俗的事件に干渉してはならない」。

確かにここには、教会会議は教会的な事柄以外の何事も取り扱ったり決定してはならず、国家に関係している世俗的事件に干渉してはならない、と記されています。ではこれで、教会会議は政治のことを取り扱ってはならない、日本国憲法のことなど論じるべきではない、と単純に結論が出るのかといえば、実はそうではありません。理由を三つ挙げることができます。

第一は翻訳の問題です。三一章五節の英文（バージェス・カラッザーズ版）は次の通りです。

Synods and councils are to handle, or conclude nothing, but that which is ecclesiastical: and are not to intermeddle with civil affairs which concern the commonwealth, unless by way of humble petition in cases extraordinary; or, by way of advice, for satisfaction of conscience, if they be thereunto required by the civil magistrate.

これまでの訳文はいずれも「～以外は（～を除いて）……国家に関わるこの世の問題に干渉すべきではない」という形に訳してきました。しかしこの訳し方では、原文のニュアンスとの齟齬が生じます。というのは、「～以外は……この世の問題に干渉すべきではない」とすると、「干渉すべきでない」にかなりの力点が置かれることになりますが、英語原文はそうではありません。

まず「国家に関わるこの世の問題に干渉すべきではない」が原則として提示されます。しかし続いて、こういう場合はその限りではないとして事例が挙げられているのであり、その意味では、この例外事項における教会の国家に関わる問題への干渉は、むしろ積極的に認められていると言えます。そこで訳文はこうなります。

「総会議（シノッド）と大会議（カウンシル）は、教会に関わる事柄以外の何事も扱ったり決定したりすべきではない。そして国家に関わるこの世の問題に干渉すべきではない。もっとも、特別な場合に謙虚な請願という仕方でならば、あるいは為政者からそうするように要求された場合、良心を満足させるため、助言という仕方でならば、その限りではない」（村川・袴田訳）。

もちろんこの場合の「特別な場合」が何を意味するかを具体的に特定することは容易くありません。しかし、はっきりしていることは、この三一章五節を根拠に、単純に、教会は政治のことに関心を払う必要がないとか、政治的な発言や行動を教会はしてはならないなどと主張することはできないのです。

教会が教会に関わる事柄にもっぱら関わるのは当然のことです。しかし、「特別な場合」には、教会は「謙虚な請願」という仕方であれ、明確に政治的な声を挙げなければなりません。これが翻訳から言えることです。

第二の理由は、この節をめぐって世界の改革派・長老教会において論争があることです。歴史的にはこの規定は、霊的事柄に国家的為政者が介入するエラストス主義と、逆に教会が国家的事項を支配しようとする教皇主義を退けているものです。

教会と国家は、いずれもイエス・キリストが主ですが、イエス・キリストはそれぞれに別の領域を委ねられたのであり、相互に介入することが否定されています。教会と国家は共通の目的のために協力することができるのですが、それは各々の領域で行うのであり、一方が他方の範囲に属していることに介入してはいけません。この原則は非常に重要なものです。

しかし、多くの注解者が認めているように、原則は明解であるけれども、その適用においては、実際的な困難が起こってきます。それは国家に関わる事柄と、教会に関する事柄の区別が、それほど現実には自明ではないからです。純粋に混ぜ物のないまったくの国家的事項は何かを決めることは、実は非常に難しいです。なぜなら、多くのことが倫理や道徳に関わるからです。

教育、堕胎、結婚、日曜日に関する公的行事など、それらが単純に国家的事項と言えるでしょうか。具体的な問題に直面する中で、教会は悩みながら論争してきました。また「特別な場合」が何に当たるのか、また誰がそれを決めるのかも難しい問題です。

あえて分類すれば、この節の解釈は三つに分けられます。

第一は、とにかく教会は政治のことには関わらないという立場です。かつては、奴隷制度、人種差別、堕胎などの社会的、政治的悪に対しても教会は関与すべきではないと主張していた教会もありました。しかし、今日はむしろ、教会のそのような政治的無関心に対する反省がなされています。

第二は、教会は政治の問題も含めて神の言葉の原理を教える責任はあるが、政治運動は市民の立場で個人的にすべきであるという立場です。教会は、政治のことに関心を払わないのではありません。

神はあらゆる領域の主権者であられ、神の律法は政治的領域にも確かに関係しています。教会の仕事は、神の全意向を教えることであり、それには政治的問題も含まれます。

そのように、教会は神の言葉の原理を教えます。しかし、教会自体は国家の事柄には干渉しない。それはキリスト者市民の責任として行うべきという立場です。南長老教会のフランシス・ビーティーや改革長老教会のウェイン・スピアはこの立場と言ってよいでしょう。

第三は、教会として政治的な事柄に関わるべきだとする立場です。たとえばオーストラリア長老教会のトム・ウィルキンソンは、今日、数多く不正が政治権力によって犯されている中で、教会が注意深い監視をして、時に声を大にしてあげることの必要を訴えています。またアメリカ長老教会のR・C・スプロールも積極派です。彼はこう言っています。

「国家政府が人々の要求に従って堕胎を是認するとき、正義の失墜に対し、また教会が神が召されたことをしていないというその教会の怠慢に対して、抗議の声を挙げることは、教会の義務、つまり個々人の義務だけでなく教会会議の義務である。

教会が声を挙げるとき、人々は、キリスト者は政府を支配し、自分たちの見解を他者に強制しようとしていると言う。しかし、私たちは、国家に教会になるように命じているのではない。私たちは国家が国家となるように命じているのである。私たちは、そもそもなぜ国家が作られたのか、神の下での国家の責任とは何かを、国家に気づかせようとしているのである。国家は神によって定められ、その第一の仕事は、人間生活を維持し、守り、支えることである。ドイツ教会はバルメン宣言によって、ヒトラーに反対して声を挙げた。

改革派陣営の中でも、この節をいかに適用すべきかについて分裂がある。教会は教会の事柄以外何も語るべきではないことをこの節は意味しているのか。教会は国家の良心となる責任を持たないのか。教会は政府になるのではなく、良心になるために造られている」（R. C. Sproul, *Truth We Confess*, Vol.3, P&R Publishing, 2007, p.172）。

ここでこれ以上、どの立場が正しいかを論じるつもりはありません。ただはっきりしているのは、この節の解釈をめぐっては論争があり、自明な結論が出ているかのように語ることはできないということです。むしろ、現実の中で真剣に具体的問題と取り組んでいる、海外の諸教会の姿に謙虚に学ぶ必要があるのではないでしょうか。

第三の理由を挙げておきます。それはこの三一章五節の作成過程です。第三一章は、一六四六年八月四日に第二委員会から報告がされ、八月五日から討論がなされました。討論で問題になったのは、主として、教会会議の従属関係に関係する部分であり、独立派から強い反対意見が出されました。しかし五節に関しては、議論になった記録はなく、一一月二〇日に四節と共に決定されています。

けれども、このときの五節は次のようなものでした（Ms. 271）。

Synods and councils are to handle, or conclude nothing, but that which is ecclesiastical: and are not to intermeddle with civil affairs which concern the commonwealth, unless by way of advice, for satisfaction of conscience, if they be thereunto required by the civil magistrate.

「総会議（シノッド）と大会議（カウンシル）は、教会に関わる事柄以外の何事も扱ったり決定したりすべきではない。そして国家に関わるこの世の問題に干渉すべきではない。もっとも、為政者からそうするように要求された場合、良心を満足させるため、助言という仕方でならば、その限りではない」。

しかし一六四六年一一月一三日から始まっていたこの章全体の見直しの中で、付加がなされました。一二月三日、バージェス博士が五節の最後のパラグラフに"or by way of humble petition in cases extraordinary"を入れる提案をし、それが受け入れられました（Ms. 307）。そして最終的には、この挿入部分が前になり、"by way of advice"以下が後になったのです。

この変更は何を意味しているのでしょうか。変更前の場合、キリスト者である為政者が、自らの分をわきまえつつ、教会とのふさわしい協力の下で、キリスト教的国家を形成する者であるという前提があったのは明らかです。ウェストミンスター神学者会議が目指していた国家像がそこにあります。教会と国家は友好的な関係のもとに、それぞれの役割を果たしつつ、一つの宗教に立つ国家を形成するのです。その前提に立てば、変更前の文章は自然と理解できます。

しかし、付加がなされました。これは、神学者会議が目指していたのと違う事態を想定したということです。為政者は常に教会に友好的であるわけではありませんし、神から与えられている領域を越えようとすることもあります。

ここで付加された「特別な場合」とは、国家為政者が自らの託された範囲を越えること、そして教会の主権を侵すことが念頭にあると考えるのが自然です。もっともその場合でも、教会がそれに対してする抗議の方法は「謙虚な請願」という仕方です。為政者は、神によって立てられた者に変わりはないからです。

このように、成立の過程から見れば、少なくとも、国家的為政者が自らの託された範囲を越えて、教会の主権を侵すことがあれば、教会はある意味積極的に国家に関わる事柄に干渉すべきであると言えるでしょう。教会の信仰上の独立、霊的自律こそが、教会の命に関わるものであるという理解が、ここにもあるのだと思います。

以上三つの理由から、この節を持ち出して単純に、だから教会会議は政治のことを扱うべきではない、大会はそのような議論をしたり、決議をしたりするべきではないと言えないことは明らかです。欧米の教会に謙虚に見習って、それを現実に適用したらどうなるかを、理性的に議論することが大切なのではないでしょうか。

6　長老主義教会の歴史

コンセンサスを作るために重要なことの第二は、長老主義教会の歴史を学ぶことです。長老主義教会は歴史の中で何を大切にし、どの点で戦ってきたのでしょうか。戦いの中心は、教会の霊的自律、スピリチュアル・インデペンデンスを守るという点でした。ここが戦いの中心であることを、しっかりととらえておいていただきたいと思います。

「教会の霊的自律」の主張は、カルヴァンのジュネーヴでの戦いや、ジョン・ノックスやアンドリュー・メルヴィルのスコットランドにおける戦いの原理として見出せますが、ウェストミンスター神学者会議で言うならば、それはエラストス主義との戦いでありました。エラストス主義とは国家的為政者が、自らの内にすべての教会権能を有しているという考えで、教会は国家の一機関にすぎないというものです。

神学者会議の時代に、エラストス主義が支配的であったのはイングランド議会でした。議会は、教会が議会から独立した権能を持つことを嫌いました。チャールズ一世の時代に、教会はカンタベリー大主教ウイリアム・ロードによって導かれましたが、そのロードの専制による社会の荒廃に対する反省から、議会はあくまでも、教会を議会の支配下に置きたいと考えました。

しかし、神学者たちはその考えを受け入れることはできませんでした。長老派も独立派もこの点では一致していました。具体的には「陪餐停止の指針」をめぐって、神学者会議と議会が対立して行きました。議会は、最終的に戒規を執行する権能を、議会の側が掌握しようとしました。しかし、神学者会議はそれに強く反発したのです。なぜなら、彼らは、陪餐停止は、イエス・キリストから教会に委ねられた霊的権能であると確信していたからです。この点で、彼らは決して妥協しませんでした。

神学者会議とは、議会の条例によって、議会の諮問機関として成立したものです。その意味ではその存在自体が、議会の支配下にありました。しかし、それにもかかわらず、彼らは議会に抵抗することをやめませんでした。議会が成立させた条例に反対する誓願文を起草して、議会両院に提出しました。彼らはその中で、聖餐から罪ある人を遠ざける全権能は「神定」により、教会に属するということを訴えたのです。

この誓願文は議会を激怒させました。この誓願文の提出は「議会大権の侵害」と断じられ、神学者会議が主張した「神定」についての質問九か条を突きつけられました。それでも神学者たちは妥協しません。彼らは、断食の日を守ってから、この議会からの質問に答える作業に取り組んだのです。

この出来事は、神学者会議の神学者たちが、どれほど、教会の霊的自律について、はっきりとした確信を抱いていたかを表しています。彼らは、キリストが教会に与えられた権能についての明確な意識を持っていました。そしてこの点で妥協することはなかったのです。

世々の長老教会の戦いについては、ここで詳しく語ることはできません。ぜひ読んでいただきたい本があります。それはトマス・ブラウンの『スコットランドにおける教会と国家』（松谷好明訳、すぐ書房、一九八五年）です。

スコットランド教会史において極めて重大な出来事は、一九世紀半ばの大分裂です。これは、国教会であるスコットランド教会から三分の一の牧師が離脱してスコットランド自由教会を創立した出来事ですが、その主たる原因が教会の霊的自律を守るためでした。政府が信仰上の独立を侵害するのに対して、それを守るために国教会を離脱せざるを得なくなったのです。

それに加わった牧師たちは極めて大きな犠牲を払いました。教会堂、牧師館、畑地、牧師給、さらに社会的身分を捨てました。しかし、教会の信仰上の独立は、教会にとって生命的なものであり、そのためにはどんな犠牲をもいとわないという崇高な精神がそこにはありました。

トマス・ブラウンは、この大分裂に加わった牧師の一人です。それゆえこの本には、具体的にこれを戦った者の息吹を感じさせるものがあります。長老主義教会としてのスコットランド教会が何を大切にして戦ってきたのか。それを学ぶことは、私たちにとっても極めて有益だと言えます。

7　日本の教会の歴史

コンセンサスを作るために重要な第三のことは、日本のプロテスタント教会史を学ぶことです。これについて学ぶことは、日本の教会に仕える牧師の責任だと言えます。なぜなら、日本の教会は、信徒たちに対して、「国民儀礼」という名の下で偶像崇拝を勧め、真の神のために生きるのではなく天皇のために生きることをキリスト者の生き方として教えるという大きな罪を犯したからです。

さらには、神社参拝を朝鮮半島にいるキリスト者たちに強要し、それに反対する者を迫害することにも加担しました。逃れられない大きな負債を負っていると言わなければなりません。

ですから、歴史の事実を学ぶのは日本の牧師の最低限の義務です。読むべきものがたくさんありますが、たとえば、私が編集して出版した『平和をつくる教会をめざして』という書物には、わずかですが当時の教会の姿をうかがわせる資料を掲載しています。そこには一つの説教も載せています。カルヴァン研究者であり、長老主義者であった今村好太郎の説教です。それは驚くべき説教です。キリスト教と日本の宗教が混淆したような説教だと言えます。なぜカルヴァン主義者がこうなってしまったのでしょうか。

組合教会の渡瀬常吉は、『新日本精神の内容』（一九三七年）の中で、古事記の冒頭に出てくる神がなしたことを、キリスト教の神がなしたことのように語っています。同じく組合教会の大谷美隆は、『國體と基督教』（一九三九年）の中で次のように述べています。

「國體は絶対である。國體が基督教に依って変更を受くべきではない。国家は宗教の上に在る。上なる国家が、下なる宗教に依って左右されるべきものではない。故に問題は基督教の教説及び教義は、果たして日本の國體に適合するか何うかと云う一点のみであって、基督教に依って國體を変改すべきか何うかと云う問題は存在しないのである」(四頁)。

日本基督教団は、一九四四年に『日本基督教団より大東亜共栄圏にある基督教徒に送る書簡』というものを、アジアの教会に送りました。これは当時の日本の教会の姿を知る上で重要なものです。はっきり言って、非常に醜い文章です。アジアの教会に対する蔑視が濃厚に現れています。しかもその手紙自身が、これは聖書の使徒による書簡に匹敵すると公言しています。しかしその内容は、まさにキリストの御名を汚すものでしかありません。

私たちは、当時の教会やキリスト者を糾弾するためにこれを学ぶのではありません。そうではなくて、どうしてああなってしまったかを考えるために学ぶのです。この当時の教会の様子を知れば、二度と私たちはああいう教会になってはならない、という思いを持つことができるでしょう。礼拝の中で君が代を歌ったり、宮城遥拝をしたりする教会。神社参拝を正当化し、それを推進する教会になって良いはずはありません。福音主義的なキリスト者ならば、共通認識を持てると思います。

そして、この一致の上に立って、なぜ教会がああなってしまったのかを考え、そしてああならないためにはどうしたらよいかを考えるのです。

そして、改めて思うのは、教会があのように無惨になってしまった原因に、教会観の曖昧さがあったということです。当時の教会の指導者たちは、教会を守ろうとしていました。そして教会を守るために、結果として妥協していきました。しかし、それで本当に教会を守れたのでしょうか。

国家の問題をどうとらえるかということと、現実の教会のあり方は密接に関わっていました。国家の問題というのは、実は同時に教会の問題でした。国家の問題は単に政治の問題ではありません。まさに教会の問題です。真の教会とは何かということを問うとき、国家のことが視野に入らざるを得ないのです。その意味で教会観がはっきりしていることが何より大切です。ですから、これは神学の問題なのです。

そしてもう一つ付け加えておきたいことは、当時の教会の姿を過ちだと考えるならば、今それを克服しているかを真剣に考えなければならないということです。当時の教会は、戦争を「聖戦」として全面的に支持しました。戦争を支える種々の社会的・文化的条件に、教会は自らを順応させました。そしてその条件のうちの一部はそのまま継続し、また一部は政治的に復興されています。

もし過去の教会の姿を過ちだと考えるならば、過去の教会が採っていた教会のあり方を、そのまま無批判に今日の教会のあり方とすることはできないでしょう。戦争を無批判に支持していったような体質、戦争を支える種々の社会的・文化的条件に順応していった体質、それが今日の教会にないのか。それを批判的に検証する視点を持つことは不可欠だと思います。

私たちの教会が「今」行っている選択は、「あの過ちを繰り返さない」ということに果たして通じる選択なのか。それをいつも考えなければならないと思います。

8　コンセンサスを土台にして行動する

以上述べましたように、ウェストミンスター信条を採用する教会としては、①ウェストミンスター信条の釈義、②長老主義教会の歴史、③日本のプロテスタント教会の歴史を学び、その上でコンセンサスを形成することが大切です。学びによって土台を確認し、その上で、現代の日本に置かれている教会の責任を考え、行動していくのです。

その際、教会が政府に対して抗議文を出すというのも大切なことでしょう。しかし、その抗議文と言うのは、どういう性質のものかを確認しておくことも大切です。それは決して、教会の信仰告白そのものではありません。教会の信仰規準を土台にはします。しかし、信仰告白そのものではなく、現代の日本に置かれている一つの団体である教会が、社会において果たす一つの役割だと思います。

それゆえ、政府や自治体に抗議文を出す場合は、以下の点に留意すべきだと思います。

①抗議文について、教会宛には、聖書・信条の根拠をもとに信仰の言葉で説明するようにすること。

②政府に対する抗議文は、自分たちの根拠となる確信は述べつつも、憲法や法律に基づいて、より効果的な表現を用いること。

③政府の政策の「方向性」に問題があれば、それに着目して抗議することが大切。その政策が目指している「国家像」は何かに着目することが大切であること。

④教会員の良心が守られるのは当然であること。一人一人にその主張が強制されることはあってはならない。

私は政府に抗議文を出すことにも意味があると思いますが、しかし、教会はこの日本社会では、本当に少数であり、そういった意味で大きな力を持つわけではありません。むしろ、教会の真の戦いは、どんな時代になっても、この国でイエス・キリストを主とする真の教会を建てるということです。そのためには、その視野が教会だけにとどまっていてはなりません。国家というものを信仰の視野でとらえていなければならないのです。

国家のことは政治の事柄として、これには口を出さないと決めてしまうと、信仰の視野は確実に狭まるでしょう。沈黙は一つの立派な意思表示です。沈黙によって誰が喜ぶかということを考えなければなりません。そして、沈黙を常とする教会は、肝心な時に声を挙げることは難しいのではないでしょうか。

聖書に立って、信仰告白に立って、歴史と現実を見つめて、考え抜いて、教会の言葉を生み出していく。そうしたことが、本当に求められているのだと思います。

箇条書きでまとめをして、終わりにいたします。

①二元論に陥らないために、信仰の視野で、国家や為政者のことを把握することが必要である。

②長老教会として、ウェストミンスター信条の釈義、解釈史を学び、「教会と国家」についてのコンセンサスを形成することが大切である。

③教会の戦いの中心は、教会の霊的自律（スピリチュアル・インデペンデンス）である。それは長老教会の歴史から明らかである。

④私たちは日本のプロテスタントの歴史を学ぶ責任がある。過ちを繰り返さないために。

キリスト者は天皇制をどうとらえるべきか

1　はじめに

今日（二〇一九年四月三〇日）は明仁天皇の退位の日です。退位と即位に関わる行事は多くありますが、政府は、宗教色の強いものは皇室の私的行事としました。しかし、次の三つは国事行為として行われます。

一つ目は、今日の夕方五時から行われる退位礼正殿《せいでん》の儀です。この儀式では、皇位継承のしるしとされる三種の神器のうち、剣と勾玉が侍従によって恭しく捧げ持たれ、机の上に置かれます。三種の神器は記紀神話に由来するものです。言うまでもなく宗教的なものです。それが国事行為の中で、大きな場を占めています。

二つ目は、明日の午前一〇時半から行われる剣璽等承継の儀です。これは戦前の旧皇室典範では、剣璽渡御《とぎょ》の儀と呼ばれていたもので、要するに三種の神器の継承儀式です。戦後の皇室典範には、この儀式に関する規定はありませんが、明仁天皇の即位の際、名称を少し変えて剣璽等承継の儀として行われました。しかし、内容は剣璽渡御の儀とほとんど変わらない宗教儀式です。それが国事行為として、明日行われます。

三つ目は、これも明日の一一時一〇分から行われる即位後朝見の儀です。ここでは、天皇の「おことば」に対して、首相が「奉答文」を読み上げます。その奉答文はおそらく、天皇に対して「最善の努力を尽くすことを誓う」ものとなると思われます。この儀式には、宗教色はありませんが、憲法の主権在民の原則に抵触する内容だと思われます。

天皇家の私的宗教行事ではなく、国事行為として、神道に基づく行為が公費を用いて行われる。それは、国家による偶像崇拝に他なりません。そしてそれを祝うために、政府は今日から五月三日までを休日としました。

神戸改革派神学校教授会は、この政府による代替わり儀式に抗議する必要を感じました。そして昨年一一月の教授会において、抗議の意味を込めて、政府が定めた休日も通常の授業を行うことを決めました。さらに、四月三〇日の午後には、改めて天皇制を考える講演会を行うことを決めました。この講演会は、西部中会世と教会に関する委員会も後援しています。

今日の講演は「キリスト者は天皇制をどうとらえるべきか」としました。案内のチラシにも書きましたが、キリスト者が天皇制を理解するためには、少なくとも三つの視点が必要だと思います。第一は日本国憲法による天皇制の視点。憲法による天皇制の理解、法的な理解はやはり非常に重要です。第二は宗教的存在としての天皇制の視点。天皇という存在の本質は何かと言えば、それは宗教的存在に他なりません。それについての明解な理解が不可欠です。第三は、実際に天皇制が日本社会でどんな役割をしているかという視点です。これは特に、明仁美智子夫妻がこの日本社会において、どういう役割を果たしてきたのか、どのような影響を及ぼしてきたのかという点です。

これら三つの点を中心にお話ししますが、その前に、私自身の天皇・皇太子体験と、そこから感じたことをお話ししたいと思います。

2　行幸啓・行啓に携わって

私は神学校に入る前に、八年間、大阪府の公務員をしていました。大学を卒業したのは一九八五年です。大阪府庁に入って四年目の人事異動で、知事室秘書課に配属されました。それは、特別な任務のためでした。その任務とは、天皇皇后の行幸啓と、皇太子の行啓を担当することでした（天皇単独を「行幸」、天皇皇后を「行幸啓」、皇太子や皇后単独を「行啓」と呼ぶ）。

行幸・行啓の都道府県における窓口は、通常、秘書課が担当していました。一九九〇年に、大阪の鶴見緑地を会場に、国際花と緑の博覧会が開かれました。本格的な国際博覧会ということで、その博覧会協会の名誉総裁が皇太子でした。皇太子が、開会式と閉会式の時、さらに会期中一回の計三回、大阪に来る。さらに天皇夫妻も一回は見学に来ることが決まっていました。その事務量は大変なもので、そのための要員として、私が秘書課に配属されたのです。

私はキリスト者として、天皇制には否定的な考えを持っていましたから、この人事異動には本当に苦しみました。府庁を退職しようかと思うほど悩んだのですが、新たな道が開かれない限りはそこに留まるのが御心と思い、その仕事に携わることになりました。

私の担当は、皇太子の行啓でした。もっとも天皇夫妻の行幸啓の際には手伝いに駆り出され、当日の、あの車を三〇台も連ねるような車列の中に自分も加わっていました。また、他の皇族が大阪に来る際に、同行することもありました。しかし、他の宮家に対する対応は、簡単なものです。警察の警備も簡単です。行幸や行啓とは比較になりません。特に、警察の警備には大きな違いがあります。警察はとにかく、天皇の血筋「皇統」を守るためには死力を尽くします。

私は行啓の事務担当者として、調整のキーマンのような仕事をしました。どこと調整したのかを挙げれば、次のようなところです。宮内庁（東宮職）、視察先、警察、マスコミ、大阪府庁内部、関係市町村、空港・航空会社、JR、ホテル、近畿運輸局、日本道路公団、大阪高等裁判所、大阪高等検察庁等。またこの時は、花博の視察が中心なので、国際花と緑の博覧会協会、さらに主務官庁の建設省。

行啓の準備は、本番の四か月前からなされます。行幸の場合は半年前からです。大きな仕事の流れを紹介しておきます。

〈行啓の業務〉

①東宮に出す日程案の作成まで

視察先の選定

②事前調査まで

視察先との調整　導線、休憩時間・場所の確保等

警察との調整

交通機関との調整

ホテルとの調整

報道との調整　取材位置を決める
すべてを調整した上での（案）に基づいて、事前調査実施。接待も
③日程細目の完成
すべてを具体的に決定していく
導線、時間内訳、乗車区分、配席、先導者・挨拶者、説明者、報道位置
供奉員、記者の導線、休憩所
大阪府行啓実施本部の開催
関係機関への協力依頼、便宜供与
代表奉送迎者の依頼
その他さまざまな資料作り
④直前準備
車列リハーサル（殿下の代わりに大阪府警本部長、見えるように警備）
天気予報依頼
内部最終調整
知事・議長レク
リボン、ステッカー、バッチ、食券、傘等の手配。あらゆることに目配り
⑤本番
担当者の私は、前日から東宮職の担当者と行動

本番では、すべて先回りして、態勢を確認（一五分前）
東宮からの賜物伝達（恩賜のタバコ等）
御会釈
⑥事後処理
賜物の配布とお礼参り
アルバムの作成
献上品

行幸啓・行啓は、大日本帝国憲法下の仕方と基本的には変わらないと言えます。天皇制は、今ある天皇制と同じようなものが、古い時代からあったと考えるのは間違いです。今の天皇制は明治時代初期に作られたものに他なりません。

徳川幕府は、天皇から権威を与えてもらって実際の権力を行使する形を作りました。しかし一方で、幕府は一六一五年に「禁中並びに公家諸法度」を制定して、天皇家を京都に閉じこめました。天皇は三〇〇年近く、京都の御所から一歩も外に出ることはなかったと言われます。権威は授けてもらうけれども、後は必要ないから邪魔にならないように閉じこめたのです。

しかし明治維新になって、時の為政者は、天皇を中心に日本中がまとまる国を目指しました。しかし、人々は天皇など知らないのです。そこで、人々に天皇の存在を知らせるキャンペーンをしました。それが、「巡幸」と呼ばれる各地への訪問でした。一八六八年から一九一二年にかけて、北海道から九州まで、実に九七回の巡幸が行われています。しかし、天皇が実際に顔を見せるわけではなかったようです。むしろ、何千人ものお供を付けて威厳のある行進をして、その存在がどれほど偉大で尊いかというイメージを国民に刷り込んでいきました。

これが、今日まで続く、行幸啓・行啓の原点だと言えます。今日は、顔を見せたり、話したりするわけですが、基本的コンセプトは同じだと言えるでしょう。つまりそれは、天皇、皇室に対する国民の肯定的感情を喚起するための装置です。彼らをどのような存在として見せるか、どのような存在として意識させるか。それが、今日も続く、行幸啓・行啓の本質的意味だと言えます。

行幸啓・行啓には、当然ながら莫大な予算がかかります。とりわけ警察官の動員数はすさまじいものです。一九八六年の昭和天皇の大阪行幸の際の警察官の動員は、毎日約一万人でした。

そして明仁天皇時代は、昭和天皇時代に比べると、圧倒的に「行幸啓」や「行啓」の数が増えています。また東京都内へのお出まし、さらに皇后単独のお出ましが非常に多かったのが特徴です。それだけ、圧倒的な世論喚起力があったと言うべきです。

私は一年半にわたって、そういう仕事をしました。ある意味、内側から天皇制を見ていたと言えます。天皇制に関する本を随分多く読みました。そしてその時点で、私が感じたことは次のようなことでした。

①特別な清い血筋を認めることは、差別を認めことになるのではないか。

彼らが特別扱いされる根拠は血筋です。それを根拠に特別扱いを認めることは、同じ根拠で別のある人たちを逆の特別扱い（すなわち差別）する発想に結びつきます。私たちは神の御前に平等であることを聖書から教えられています。それと対立する面があります。

②血筋に基づく無条件の権威を認めることは、神話に基づく理屈抜きの服従に結びつきやすいのではないか。

血筋に基づく無条件の権威が、無条件の服従に結びつく傾向にあります。聖書は、ある血筋に無条件の権威を認めることはありません。

③天皇・皇太子の側が決して責任を負わない体制が貫かれていたこと。

準備の段階でいろいろ意見の対立が起こります。そこで、これはもう東宮職に決めてもらうしかないと考えて願い出ても、彼らは決して決めません。「皆様の方でよく相談して決めてください」しか言わない。つまり、絶対に責任を負わないのです。それが貫かれていました。天皇・皇太子の側には一切責任が及ばない。責任はあくまで視察先側にあるということです。

④天皇制を支えている日本人の精神性にこそ、日本宣教が進まない根深い問題が潜んでいるのではないか。

この点が、私が深く感じたことであり、また追求していかなければならないと思った点です。キリスト者にとって、天皇制という制度だけが問題なのではありません。むしろ、それを支えている日本人の精神性の問題を考えることが大切です。この点を解き明かしていかなければ、本当の意味で日本宣教が進むことはないと思います。

一つ、余談を加えます。私が行啓の仕事をしていたとき、東宮職の責任者、すなわち行啓主務官をしていたのは、曽我剛という侍従でした。私自身は、曽我さんの部下と直接やり取りをしていましたので、直接話す機会はあまりありませんでした。彼は後に東宮侍従長も務め、まさに皇太子と常に行動を共にした側近中の側近と言える人です。彼が亡くなったとき、それは二〇〇一年九月ですが、私は本当に偶然ですが、彼の死について書いてある雑誌の記事を読みました（『週刊新潮』二〇〇一年一〇月一一日号）。そして彼が、クリスチャンだったことを知ったのです。その記事によれば、一九三〇年に東京渋谷生れの彼は、幼い頃からお姉さんに連れられて教会に通いクリスチャンになりました。旧制麻布中学時代に洗礼を受けておられます。一九四九年、東京教育大学に進学、卒業後、人事院に務めました。社会人になっても日曜学校の先生を務めるなど、熱心な信仰者として歩みました。

そして人事院に二〇年務めた後、東宮侍従となります。宮内庁が、真面目な彼の性格を知り白羽の矢を立てたようです。当時、皇太子はまだ中学二年生でした。曽我さんは皇太子とその兄弟の、生活全般のお世話をしました。学校の送り迎えや父母会や運動会の参加などもしました。身を捧げて東宮家に尽くしたと言われます。その中で、教会から足が遠のくようになりました。皇太子が雅子さんと結婚に至るまでには、曽我さんの大きな尽力があったとも言われます。そして二〇〇一年三月に、二八年に及ぶ皇室仕えを終えたのです。

その時には、すでに病に侵されていました。そして亡くなる少し前に、彼はかつて通った教会に約三〇年ぶりに連絡を取りました。遺書には「自分はクリスチャンとして死にたい。葬儀では、讃美歌二七〇番『信仰こそたびじを』を歌ってほしい」旨、記されていたそうです。そして遺言通り、教会で葬儀がなされたそうです。

曽我さんが最後に、クリスチャンとして死ぬ決心をしたこと自体は、本当に良かったと思います。

しかし、複雑な思いがあります。彼がクリスチャンだったことを聞いて、皇室担当記者は皆驚いたそうです。なぜなら、誰も知らなかっただけではなく、彼は皇室行事つまり、神道の儀式ばかりの行事に率先して携わっていたからです。

心の内にある信仰の火種は消え去ってはいませんでした。しかし、どうしてこうなってしまうのか、という思いを拭い去ることはできません。なぜ熱心なクリスチャンであった彼が、熱心に神道儀式に仕え続けたのか。文字通り、滅私奉公でした。しかし、自らの信仰さえ押さえつけるような滅私奉公では、戦中のキリスト教と何も変わらないのではないでしょうか。彼は本当にまじめな人だったと思います。その真面目さも、キリスト教信仰と関わりがあったかもしれません。しかし、滅私奉公で神道儀式に仕え続けた。そういうことが可能になるようなキリスト教信仰が、彼に伝えられ、根を張っていたと言えなくもないように思うのです。ある意味で、日本の教会が生み出した典型的な一人のキリスト者の姿のようにも思えます。日本のキリスト教の体質とは、いったいどういうものなのか。そのことを改めて考えさせられました。

3　日本国憲法における天皇制

天皇制をとらえるには三つの視点が必要だと言いました。第一が、日本国憲法における天皇制の視点です。基礎知識として、日本国憲法の理解は非常に重要です。そして、天皇を政治的に利用しようとする人たちは、該当する憲法の箇所を変えようとしています。変えられたらいったいどうなる危険があるのか。そのことを知っておかなければなりません。

⑴現行憲法における天皇制（時岡弘編『新版　図解憲法』立花書房、一九八九年参照）

日本国憲法の第一章は「天皇」であり、第一条から第八条から成ります。その要点は、以下のようにまとめることができます。

①象徴としての天皇（第一条）

明治憲法下における天皇は、主権者・統治権の総覧者であり、元首たる地位（第一条、第四条）にありましたが、ポツダム宣言の受諾に伴う日本の敗戦とともに、そのような諸機能は否定され、国民主権を基調とする象徴天皇制へと転換しました。

象徴というのは、五感の作用をもって認識し得ない存在を、五感の作用をもって、認識しうる存在に結びつけて表現すること。換言すれば、抽象的事物（無形的な存在物）を具体的事物（有形的な存在物）の媒介を用いて表現することを言います。たとえば、国旗が国家の象徴であるとか、鳩が平和の象徴であるとか、言われるごとくです。

象徴は代表とは異なります。それゆえ、象徴たる天皇の行為が、法的に、日本国および日本国民の行為とみなされることはありません。

日本国憲法では、その「象徴」とされるのが、国旗などと違って人格であるため、その地位にある者に対して象徴的役割にふさわしい行動をとることの要請が伴うとみなされます。また、そのような役割にふさわしい待遇がなされなければならないということになります。

②天皇の地位の根拠（第一条）

旧憲法においては、天皇の地位は、神によって授かったもの、すなわち、神勅に基づくとされていました。しかし日本国憲法は、全国民の意志に根拠を持つものであると宣言しています（第一条）。

そしてこの「日本国民の総意」とは、日本の国家意思決定に参与しうる国民全体を意味するものですから、天皇の地位の存在は、国民の自由な意思に委ねられており、多数の意思のおもむくところ天皇の地位を改廃することは法理上可能です。国民の意思に委ねられているということは、天皇についての自由な議論が許されなければならないのは言うまでもありません。

③天皇の行為（第四条、第六条、第七条）

憲法第四条第一項は、天皇の機能に関する総則的な規定であり、旧憲法下において認められていたような政治的権能を全面的に否定し、国政不関与の原則を定めています。すなわち、天皇は、憲法第六条、第七条に制限的に列挙された「国事に関する行為のみ」しか行い得ないのです。

ここで国事と国政との区別は必ずしも明瞭ではありませんが、通常、国事行為とは、名目的・形式的・儀礼的な行為を意味すると解されています。国事行為の性質をめぐっては、いろいろな見解がありますが、いずれにせよ天皇は、名目的・儀礼的に国事行為を外部に表示するにすぎず、国事行為を実質的に決定する力を持ちません。

天皇の行為類型には、国事行為以外はすべて私的行為とする「天皇行為二種類説」もあります。しかし、今日は「三種類説」が有力です。つまり、国事行為、公人行為（公的行為）、私的行為です。公人行為とは、特定の地位にある人に期待される社会的活動を指します。

④基本的人権と天皇

天皇が国民であるならば、基本的人権の享有主体でなければなりません（第一一条）。しかし、有力な説は、天皇は国民ではなく、それゆえ基本的人権の享有主体ではないとするものです。第一四条は、すべて国民は法の下に平等と定めていますが、天皇および皇族は門地によって国民から「区別」されています。憲法は、基本的人権の観念に立脚しつつも、世襲による天皇制を例外として導入しているのであり、それゆえ天皇皇族は「国民」ではなく、基本的人権の享有主体ではないということになります。

つまり、彼らは個人として尊重されず、思想・良心の自由、信教の自由もありません。彼らがキリスト者になればよいと考える人がいますが、彼らにその自由はありません。

以上が、日本国憲法の定める天皇についての基本理解です。日本国憲法の基本原理は、基本的人権の尊重と民主主義だと言えますが、天皇制はそうした原理に反する存在だと言わなければなりません。あえて例外的にそういう制度を残したのです。天皇が主権者であった旧憲法との外形的な継続を残していることから、天皇制が民主主義を脅かす要素は拭いきれません。また、天皇制には、普遍的な人権の論理が及びません。門地による差別、男女差別も正当化され、彼らには人権の享有主体であることも否定されます。普遍的な原理を持つ日本国憲法の中に、「飛び地」として異質なものが残されています。それゆえ、憲法学者の奥平康弘さんが述べていたように「われわれは潜在的に反憲法的な存在であるこの制度を、顕在的に反憲法的なはたらきをすることがないように、十分に注意深く」あらねばならないのです（『ジュリスト』一二二二号、二〇〇二年、一二一―一二二頁）。

(2)「自民党憲法改正草案」(二〇一四年)における天皇制

保守政治は長年、天皇の政治利用をしてきましたが、将来に向かって何を目指しているかが、自由民主党の「憲法改正草案」に明らかにされています。これは二〇一四年四月に発表されたものです。今の為政者は天皇制をどのように変えたいと願っているのでしょうか。変更点を箇条書きで挙げてみます。

①前文に「日本国は、長い歴史と固有の文化を持ち、国民統合の象徴である天皇を戴《いただ》く国家」であると記されています。天皇を「戴く」という表現によって、天皇の権威が強調されています。また、天皇制こそが日本の伝統ある国家像であるというのは、歴史的事実に反すると言わなければなりません。

②第一条に「天皇は日本国の元首」とされています。これも天皇の権能の実質化・拡大を目指すものです。天皇主権を強化し、国民主権を弱めるものです。

③第三条で、日の丸・君が代の尊重義務が国民に課されています。権力をしばるのではなく、国民に義務を課しているところにこの憲法の性質がよく表れています。個人の尊重ではなく、国家の尊重が基本であり、少数者の思想・良心の自由は侵害されます。

④第四条で、元号の制定が明記されています。元号は、天皇が時を支配することの徴《しるし》であり、ここにも天皇制強化の意図があります。元号の本家は中国ですが、中国においては、主権者としての皇帝は領土と国民を支配するだけでなく時間も支配する、という観念に基づいて元号が建てられました。元号を使用するということは、その制定者たる皇帝の政治支配を受け入れるという意味を持っていま

した。それゆえ、キリスト者が基本的に元号を使うべきでないことは言うまでもありません。また元号は時代区分としてはほとんど無意味です。なぜなら、元号を使うと世界の動きと繋がらなくなり、日本でしか通用しない時間観念を持つことになります。時代錯誤そのものと言えるでしょう。

⑤第六条第五項で、天皇の公的行為が新たに規定されています。これには内閣の「進言」が必要とされません。それゆえ、運用次第で天皇の政治利用がしやすいようになっています。

「自民党憲法改正草案」の自民党自身によるQ＆Aの中に次のように記されています。「権利は、共同体の歴史、伝統、文化の中で徐々に生成されてきたものです。したがって、人権規定も、我が国の歴史、文化、伝統を踏まえたものであることも必要だと考えます。現行憲法の規定の中には、西欧の天賦人権説に基づいて規定されていると思われるものが散見されることから、こうした規定は改める必要があると考えました」（Q13の答）。

つまり、現行憲法にある「個人の自由」や「基本的人権の尊重」を「西欧」のものだとして退け、日本的な人権規定にするということです。その日本的な人権規定では、個人よりも国家が大切にされます。「個人のための国家」ではなく「国家のための個人」への転換です。この改正草案の基調は、国家主義です。そしてその中核に天皇制があります。ですから、天皇制の強化が一貫して追求されているのです。

(3)明仁天皇の天皇理解

憲法をめぐる天皇制の理解については、現行憲法の規定と自民党改正草案を理解しておくことで十分とも言えますが、もう一つ、明仁天皇の「天皇理解」を付け加えておきます。

二〇一六年八月八日に、明仁天皇は「象徴としてのお務めについての天皇陛下のおことば」というものを、メディアを通して人々に伝えました。その中で彼は、自分自身が考える象徴天皇のあり方や天皇制のあり方についても言及しています。

明仁天皇は「即位以来、私は国事行為を行うとともに、日本国憲法下で象徴と位置づけられた天皇の望ましいあり方を、日々模索しつつ過ごしてきました」と述べ、自分自身が「象徴」としてのあり方を模索してきたことを明らかにしています。その上で、次のように述べています。

「私はこれまで天皇の務めとして、何よりもまず国民の安寧と幸せを祈ることを大切に考えてきましたが、同時に事にあたっては、時として人々の傍らに立ち、その声に耳を傾け、思いに寄り添うことも大切なことと考えてきました。天皇が象徴であるとともに、国民統合の象徴としての役割を果たすためには、天皇が国民に、天皇という象徴の立場への理解を求めるとともに、天皇もまた、自らのありように深く心し、国民に対する理解を深め、常に国民と共にある自覚を自らの内に育てる必要を感じてきました。こうした意味において、日本の各地、とりわけ遠隔の地や島々への旅も、私は天皇の象徴的行為として、大切なものと感じてきました」。

ここには明仁天皇が模索してきた結果としての、「象徴のあり方」についての自らの考えが記されています。一つは「国民の安寧と幸せを祈ること」、もう一つは「人々の傍らに立ち、その声に耳を傾け、思いに寄り添う」ために、全国各地を訪問することです。自らが模索した上で形成した「象徴のあり方」を強い自負をもって述べました。そして、これを果たせなくなったので退位せざるを得ないと述べたのです。そしてそのことに「国民の理解を得られること」を願ったのです。

多くの国民は、この天皇の言葉を好意的に受け入れました。しかし、これは憲法の観点から言えばかなり問題があります。なぜなら、「象徴としてのあり方」を自らが強く打ち出していますが、それはおよそ日本国憲法が想定している「象徴」とは異なるからです。「象徴」の意味についてはすでに述べました。そして憲法学において支配的なのは、象徴を消極的に理解することです。つまり「天皇は単に象徴にすぎない」ということです。天皇は国政に関する権能を持たず、単に象徴である、というのが憲法制定者の意図するところでした。それゆえ、象徴規定から何らかの法的効果を導き出すことは望ましくありません。

しかし、明仁天皇は極めて積極的な「象徴としての行為」を打ち出しました。つまり憲法が想定していない「象徴のあり方」を自ら作り出し、そしてそれが高齢のためにできなくなったので退位するというのは、憲法の観点から言えば、本末が転倒していると言わざるを得ません。

しかし、国民の大半は喜んでこれを受け入れました。それどころか、これまで保守派の天皇利用を警戒し批判してきたいわゆる「リベラル派」が、「おことば」に共感して退位を支持するということが起こりました。逆に、天皇の権威強化を唱えてきた右派が、「おことば」は憲法違反だとして反発を覚えるという、これまでとは「ねじれた事態」が生まれたのです。

明仁天皇と美智子皇后への共感のゆえに、多くの人が、彼の示した象徴理解を抵抗なく受け入れたというのが実態だと思います。しかし、ここには言うまでもなく危うさがあります。天皇自身が、憲法を超えて「象徴としての行為」を肥大化させ、それが受け入れられていきました。また、この「おことば」は、言うまでもなく極めて「政治的」です。憲法に根拠がない、しかも政治的性格が非常の濃厚な提案が、内閣の十分な承認も得ずに国民に伝えられ、それによって法律が作られ、政治が動いたのです。

こう考えると、結局人々は、情に促されて行動したということです。法律の規制よりも、情の方が強い。それだけ、天皇夫妻の感化力が強いということです。しかし、法ではなくて、こうした人間の情で動いてしまうことに、私は危うさを感じます。また、天皇が実際は政治的力を持っているということにも、危うさを感じます。悪しき前例になりかねないからです。

憲法の視点で天皇制を見るとき、天皇自身のあり方からも目を離すことはできないのだと思います。

4　宗教的存在としての天皇

憲法のことを学べば天皇制の全体像が分かるかといえば、そうではありません。言うまでもありませんが、天皇の本質は、天皇が「象徴であること」にあるのではありません。では、どこにあるのでしょうか。

大日本帝国は、天皇教国家とも言える宗教国家でした。それは、大日本帝国憲法を読めばすぐに分かることです。「天皇ハ神聖ニシテ侵スヘカラス」（第三条）とされていました。そして天皇は、祭祀大権を持っていました。天皇は皇祖の末裔であり、またある意味で神であり、その祭祀を司る者とあるところに、天皇の天皇たる所以がありました。昭和天皇は、一九四六年一月一日のいわゆる「人間宣言」で、自らが「現人神」であることを否定しました。しかし彼は、自分が「皇祖の末裔」であるという強い自覚を持っていたことで知られます。

敗戦と日本国憲法によって、国家権力の無宗教性が確立しました。そのため、宗教活動である天皇の祭祀は、政教分離の原則に従って、いかなる意味でも国家的公的性格を持たない天皇個人の私事となりました。宮中で天皇に仕える神職である掌典、内掌典は、かつては公務員でしたが、その後は天皇の私的使用人となりました。

しかし、現在も行われている祭祀の内容は、ほとんど廃止された旧皇室祭祀令どおりです。つまり、国家権力の無宗教性は不徹底です。それどころか、いつでももとに戻れる体制になっていると言えます。そして、この皇室祭祀こそが、天皇制の本質だと言えます。

皇室祭祀が主に行われる場所が、皇居にある宮中三殿です。そこには、賢所、皇霊殿、神殿の三つがあります。賢所は、祭神として天照大神が祀られ、御神体は三種の神器の一つ、斎鏡です。三殿の中でも最も尊貴な場所とされています。

皇霊殿は、神武天皇から昭和天皇まで、歴代の天皇、北朝の天皇、皇后、皇妃、皇親が祀られています。三殿中、賢所に次ぐ地位を占めています。

そして神殿には、祭神として天神、地祇、八百万神が祀られています。

皇室祭儀の内容は、大きく二つに分かれます。それは「大祭」と「小祭」です。

大祭は、天皇自らが祭儀を行い、拝礼のうえ御告文《おつげぶみ》を奏すものです。これには、元始祭、春と秋の皇霊祭・神殿祭、神武天皇祭、神嘗祭、新嘗祭、大正天皇祭、先帝以前三大および先后の式年祭などがあります。

小祭は、掌典長が祭儀を行い、天皇は拝礼するだけのものです。これには、歳旦祭、祈年祭、天長祭、明治天皇祭、賢所御神楽《みかぐら》などがあります（現在の皇室祭祀一覧は、松谷好明『キリスト者への問い』［一麦出版社、二〇一八年］の七一―七二頁の表をご覧ください）。その他にも、たくさんの祭儀がありま す。

松谷好明先生が、二〇一八年に『キリスト者への問い――あなたは天皇をだれと言うか』という本を出版されました。この本は、日本のすべてのキリスト者が読むべき本だと私は思います。なぜなら、単に天皇制のことを論じるだけでなく、これまでの日本の教会・キリスト者と天皇制の関係を論じているからです。

この本の中で、松谷先生は皇室神道について次のように述べています。

「天皇と皇室の人々は、日本の神話に基づき、日本の国土を造り出し、日本に実りをもたらし、日本人を祝福する天照大神と歴代天皇の霊、八百万の神々を祀り、それらに感謝し、あるいは、なだめ、慰め、それらに願いをささげて祈り、拝礼しているわけです。

それらの祭祀を主宰し、あるいは中心にいる天皇は、したがって『祭司』（神官）です。最高位の神官、大祭司と言えます。しかし、『単なる人間』ではありません。天皇は、大嘗祭、新嘗祭を通じて神格を帯びた、祀る者であり、同時に、天照大神と神々、皇霊の霊力を地上に及ぼす神的存在とされているからです。しかも天皇自身、死後は『神霊』（皇祖神）として祀られる者となります。したがって、皇室神道は紛れもなく、特異な民族主義宗教、日本的多神教です。世界の諸民族、諸国家に通ずる普遍性は全く持ちません」（七四―七五頁）。

天皇の本質を明確に言い当てている言葉だと思います。聖書の視点から言えば、天皇は異教の大祭司以外の何者でもありません。二〇一六年八月の天皇の言葉においても、彼は自らの務めとして「何よりもまず国民の安寧と幸せを祈ることを大切に考えてきました」と述べました。これは、宮中祭祀のことを意味しています。天皇は大祭司として祈ることこそ、自らの最も大切な務めだと理解し、本当に熱心にこれを行ってきました。そこにこそ、天皇や皇室という存在の本質があることを、私たちは忘れてはなりません。

宮中三殿における天皇の姿というものは、それほど表に出てくるわけではありませんし、宮中三殿の生の姿が見えることはほとんどありません。しかし、二〇〇六年に、五七年間にわたって内掌典として宮中三殿で仕えた高谷朝子さんの『宮中賢所物語――五七年間皇居に暮らして』（ビジネス社、二〇〇六年。二〇一七年に『皇室の祭祀と生きて――内掌典五七年の日々』［河出文庫］として文庫版で出版）が出版されました。これにより、日常的な宮中三殿の宗教行為の様子がかなり分かります。おびただしい宗教行事が継続的に行われています。そして、戦争前も戦争後も、何一つ変わっていないことが分かります。あの皇居の中心には宮中三殿があり、天皇がその祭りを司っている。この宗教的存在として天皇をとらえることが、天皇制をとらえる第二の視点として重要なのだと思います。

5　キリスト者として天皇制をとらえる視点

ここでキリスト者として天皇制をとらえる視点をまとめておきたいと思います。

①「聖書から見れば、天皇の本質は異教の大祭司である。決して、ウェストミンスター信仰告白第

二三章が言う『国家的為政者』ではない。キリスト者が天皇制を擁護する根拠を、聖書に見出すことはできない」。

これが最も基本的で重要な認識です。異教の大祭司に依存した、あるいはそれとの共存を喜ぶようなキリスト教会になってはなりません。日本の教会の歴史は、明らかに天皇制との共存を喜んできた歴史です。しかし、それがいったい何を教会にもたらしてきたのでしょうか。それを厳しく問わなければなりません。

聖書は、イエス・キリストを教会の主と教えるだけでなく、王の王、主の主と教えています。イエス・キリストは国家の主でもあります。イエス・キリストは「わたしは天と地の一切の権能を授かっている」（マタ二八・一八）と言われました。エフェソの信徒への手紙は一章二〇―二一節でこう述べています。

「神は、この力をキリストに働かせて、キリストを死者の中から復活させ、天において御自分の右の座に着かせ、すべての支配、権威、勢力、主権の上に置き、今の世ばかりでなく、来るべき世にも唱えられるあらゆる名の上に置かれました」。

まさにイエス・キリストは王の王、主の主です。国家もイエス・キリストの権威の下にあります。そのイエス・キリストのもとにあるご支配の中で、異教の為政者はともかく、異教の大祭司が何らかの役割を果たすことはあり得ません。私たちは、天皇制を擁護する根拠を聖書に見出すことはできません。

②「現在の日本の為政者は、天皇の権威の強化を目指している。これは事実上、国家主義の強化で

あり、間違いなく少数者の基本的人権の侵害に結びつくものである」。

天皇制を強化し、たとえば天皇への崇敬義務や、日の丸・君が代の尊重義務が、自民党改憲草案に記されています。これは、そうでない意見を持つ人たちを追い詰めることになるでしょう。そして恐ろしいのは、天皇制の強化の中で、天皇の宗教である神道を、宗教ではなく習俗・文化として国民に強制する危険性があることです。学校では、日本の文化として神道的霊性が教えられ、また公務員は職務命令として神道行事への参加が強制されます。天皇制の利用によって、政教分離が崩されていくのです。

実際、二〇一九年四月一九日の朝日新聞に載っていた世論調査を見て、私は愕然としました。「皇室に親しみを持っている」という人が七六％。これは過去最高だそうです。そして同時になされたアンケートの中で、大嘗祭を「公的な性格を持つ皇室行事であるとして、国費で支出する」という政府の対応への評価を聞いているのですが、評価するが五三％、評価しないが三八％です。大嘗祭はあからさまな宗教行事です。しかし、皇室に対する好感度が高まる中で、皇室の宗教行事まで国がしてもいいと国民は思い始めている。これは本当に危険なことです。政治家がさらに便乗する危険性があります。

天皇制の強化は、間違いなく少数者の基本的人権の侵害に結びつきます。政教分離の原則が守られなくなる危険があるのです。
③「キリスト者は『天皇を戴く日本』の国民である以上に、天に市民権を持つ者である。聖書は国家的ナショナリズムを是認しない」。

日本におけるナショナリズムの中心に天皇制があるのは、言うまでもありません。今日の日本では、国民と国家の間にあった中間団体の崩壊によって、人々の心がすぐに国家に結びつく危険があります。すなわち、かつては、家族共同体や地域社会や会社や労働組合などが、人々の感情の受け皿として存在しました。しかし、それらが弱体化したことによって、自らの心の拠り所を国家に求める傾向が強まっています。政治家はそれを巧みに利用します。その意味で天皇制を利用しようとします。

しかし、聖書は国家的ナショナリズムを是認しません。聖書の福音は、ある時代、ある国に限定的に適用されるものではなく、あらゆる時代のあらゆる国に適用される普遍的性質を持ちます。イエス・キリストの福音は、国の違い、民族の違いを乗り越えるものです。ですから、基本的にナショナリズムと対決する要素を持ちます。特定の民族ナショナリズムと結びつくキリスト教がその正統性を失うのは、歴史の教える教訓です。

④「日本の教会は、かつて大きな過ちを犯した。その過去を教訓として、教会は『霊的自律、信仰上の独立、スピリチュアル・インデペンデンス』の意識を明確に持たなければならない」。

日本の教会が、とりわけ戦中に、国家の推し進める天皇教に屈服したことは紛れもない事実です。教会は全く戦わなかったわけではありません。小さな戦いや抵抗はありました。しかし、戦いの明確な機軸を持っていたわけではありませんでした。つまり、教会が教会であるために、譲ってはいけない点が何であるか、その点が必ずしも明確ではありませんでした。それゆえ、教会の存在は残りましたが、イエス・キリストの教会として恥ずべき多くのことをしたのです。

教会が教会であるための基軸、それが「霊的自律、信仰上の独立、スピリチュアル・インデペンデンス」です。すなわち、イエス・キリストが教会に与えられた霊的権能を、決して国家権力に明け渡してはなりません。それはウェストミンスター信仰告白の表現で言えば「御言葉と礼典の務めや、天国の鍵の権能」（二三章三節）です。御言葉の教えすなわち説教、礼典の執行、教会の統治は、キリストを主として自律的に行わなければならないのであって、決して国家権力の介入を許してはならないのです。それを許せば、教会は教会ではなくなります。

教会の依って立つ基盤を、自覚的に確認していくことが大切です。結局それが、天皇制ナショナリズムに立ち向かう、最大の武器になるでしょう。憲法改正の動きや、政治の動きからも目を離すことはできません。しかし同時に、まっすぐに御言葉を語り、真の教会を建てることに邁進しなければなりません。

6　天皇制が日本社会で果たしている役割という視点

いつもの私の講演なら、ここで終わるのですが、今回は、第三の視点として「天皇制が日本社会で果たしている役割」を改めて考えたいと思います。そして、この視点抜きに、私は現在の天皇制をとらえることはできないのではないかと思います。

⑴国民統合的機能

三つの機能を取り上げます。第一は、国民統合的機能です。

現在の天皇制は、言うまでもなく明治維新政府が作り上げたものですが、その中心人物である伊藤博文が、一八八八年四月の帝国議会枢密院において、憲法起草の趣旨について次のように演説しています。

「宗教（キリスト教）はヨーロッパ諸国の機軸を成し、人心に深く浸透し、これは統一することに役立っている。日本には、宗教として仏教と神道がある。しかし人心を統一するにはあまりに力が弱く、機軸の用をなさない。日本人が持つ唯一の機軸は、皇室である。憲法の草案を作成するにあたり、常にこのことが頭にあった。君権を尊重し、あえてこれを束縛することがないように努めた」（ドナルド・キーン『明治天皇』下巻、新潮社、八八頁、伊藤博文『枢密院会議議事録　第一巻』東京大学出版会、一九八四年、一五七頁）。

このように伊藤博文は、人心を統一するために、キリスト教の代わりに皇室を利用しようと考えました。そのために、現在の天皇制の原型を作りました。もちろん、伊藤博文が起草したのは大日本帝国憲法ですが、統治権の総覧者の部分は取り除かれたとはいえ、天皇制の外形は日本国憲法にもかなり継続しています。そして伊藤博文が望んだ、天皇制による人心の統一というものは、今日かなり有効に機能していると言わなければなりません。

哲学者の内田樹さんは、自らが天皇主義者になったと宣言していますが、彼はその一つの理由として、立憲デモクラシーと天皇制という本来共存しない二つの原理の併存が、結果として日本の国を住みやすくしているからだと述べています（内田樹『街場の天皇論』東洋経済新報社、二〇一七年、二五一―二二三頁）。彼は次の韓国の知識人の言葉に同意しています。

「総理大臣がどれほど不道徳な人物であっても、無能な人物であっても、天皇が体現しているインテグリティ（無欠性）は損なわれない。そういう存在であることによって、天皇は倫理の中心として社会的安定に寄与している」（同書、三〇頁）。

こうして天皇制というより、天皇夫妻は、現実にこの国における統合機能を果たしていると言えます。しかし、そこに問題がないと言えるのでしょうか。天皇夫妻はまさに、現在の日本において現実の政治のカウンター、すなわちある種の「反撃」として機能しています。そしてそれによって、政治への不満を解消する機能をしています。また、天皇夫妻の言動が、この社会においてこぼれ落ちる人を救い出し、国民として再び統合する機能を果たしています。これらは端的に言えば、やはり民主主義を歪めるものとして機能していると言わなければなりません。

また、天皇が統合しているのはあくまで「国民」です。確かに天皇夫妻は、沖縄やアイヌ、ハンセン病者、障害者など、弱者に心を寄せてきました。国民統合からこぼれ落ちそうな周縁にいる人たちを再統合する役割を果たしてきました。しかし、同じく少数派で社会的弱者であっても、在日朝鮮人のところに行くことはありません。国内におりながら「国民」でない人たちとの接触は、ほとんどありません。その意味で言えば、あくまで国民の枠の中に入る者のみを労わっているとも言えます。「包摂と排除の論理」がやはりそこにはあると言わなければならないでしょう。

そしてこれは「慰霊」についても当てはまります。天皇夫妻は、熱心に慰霊の旅をしてきましたが、それも基本は「日本人戦没者」だけが対象です。例外的に、「地域のすべての戦没者」を追悼することもありましたが、それはあくまで例外です。基本はあくまで日本人戦没者の追悼、慰霊です（参照吉田裕「『平成流』平和主義の歴史的・政治的文脈」『平成の天皇制とは何か』岩波書店、二〇一七年、所収）。

天皇夫妻は、国民国家の枠内に国民を統合する大きな役割を果たしています。確かに内田樹さんが言うように、それによって日本の統治がうまくいっているという面があるかもしれません。しかし、私たちはキリスト者として、本当に天皇制に寄りかかっている統治のあり方を喜んでいてよいのでしょうか。たとえ民主主義が歪んでいても、うまく機能しているのだからそれでよいと、本当に認めてよいのでしょうか。

伊藤博文が明らかにしているように、天皇制は反キリスト教を意識して作られたものです。そのような天皇制を受容し、また異教の大祭司を頼りにしていて本当によいのでしょうか。

(2) 倫理的権威としての機能

天皇制の果たしている第二の機能、とりわけ明仁天皇夫妻が果たしている第二の機能は、倫理的権威としての機能です。

国民の多くは、明仁天皇夫妻にいったい何を見ているのでしょうか。私は、あるべき日本人像を見ていると思います。理想の夫婦像、理想の夫、理想の妻の姿を見ているのでないでしょうか。彼らは本気で平和を願い、沖縄の人たちにも寄り添います。また、被災者を訪問し、慰めの言葉をかけ、苦しむ人々を労わります。さらに、歴史に学ぶことを勧め、隣国との和解を願っています。こうした彼らの言動が、この国において、一つの倫理的権威を持って機能していることは確かだと言わなければなりません。

内田樹さんが、「天皇制がなければ、今の日本社会はすでに手の付けられない不道徳、無秩序状態に陥っていただろうと私は思います」（同書、三三頁）と述べていますが、そうなのかもしれません。政治家は、目先の選挙のことだけを考えて平気でうそをつきます。日本人の多くは、決して政治家に道徳的模範を求めません。求められると思っていません。むしろ多くの人たちがその中で、道徳的権威を認めているのは天皇夫妻ではないでしょうか。

彼らは決してお金のため、自分たちのために生きているのではない。政治家のように、今のことだけを考えるのではなくて、長いスパンの中で、日本のために、また人々のために生きていると、多くの人は感じているのではないでしょうか。

保守派の評論家であった西部邁《すすむ》は、「天皇は価値の源泉たる国柄の象徴」だと述べています（『私の天皇論』〔『月刊日本』一月号増刊、二〇一八年一二月、九四頁〕）。国家の価値基準が由来する根源的なものが「国柄」「国体」であり、その国柄の象徴が天皇なのです。まさに、日本的価値を体現している存在であり、道徳的な権威なのです。

(3)霊的権威としての機能

それゆえ第三に、天皇はこの国において霊的権威として機能していると言わなければなりません。内田樹さんは、二〇一六年八月八日の天皇の「おことば」について、次のように記しています。

「『おことば』の中では、『象徴』という言葉が八回使われました。特に印象的だったのは、『象徴的行為』という言葉です。よく考えると、これは論理的には矛盾しています。象徴とは記号的にそこにあるだけで機能するものであって、それを裏付ける実践は要求されない。しかし陛下は形容矛盾をあえて犯すことで、象徴天皇にはそのために果たすべき『象徴的行為』があるという新しい天皇制解釈に踏み込んだ。そこで言われた象徴的行為とは実質的には『鎮魂』と『慰藉』のことです。

『鎮魂』とは、先の大戦で斃れた人々の霊を鎮めるための祈りのことです。陛下は実際に死者がそこで息絶えた現場まで足を運び、その土に膝をついて祈りを捧げてきました。もう一つの慰藉とは『時として人々の傍らに立ち、その声に耳を傾け、思いに寄り添うこと』と『おことば』では表現されていますが、さまざまな災害の被災者を訪れ、同じように床に膝をついて、傷ついた生者たちに慰めの言葉をかけることを指しています」（前掲書、一一四―一一五頁）。

明仁天皇夫妻はまさにこの「鎮魂」と「慰藉」に全力を傾けてきました。それは非常に自覚的な取り組みであったと言えます。

「鎮魂」の背後には、明確な宗教観があります。つまり、鎮魂されなければならない、慰霊されなければならない死者がいるということです。死者を安らかに眠らせる。それが鎮魂です。そして死者が安らかに眠ることができなければ、祟りをなすかもしれない。だからその死者たちの怒りや恨みや悲しみを鎮めなければならない。そのために、祈らなければならない。そういう宗教観が背後にあります。アニミズムやシャーマニズムに通じる宗教観です。

明仁天皇夫妻の熱心な「鎮魂」活動は、そのような宗教観の強烈なアピールでありました。もちろん、彼らが自覚的にその宗教観の流布を意図していたということではありません。彼らは純粋に、鎮魂活動をしていただけでしょう。

しかし私たちは、明仁天皇夫妻の霊的感化力が侮れないほどに大きいということを知らなければばなりません。彼らの姿によって、日本という国とはどのような国なのか、どのような宗教に生きる国なのかというメッセージが発せられてきました。あるべき宗教とは何か、あるべき日本人の宗教とは何かが示されています。日本における理想的な宗教に生きる姿が、彼らによって発信されているのです。死者に対する慰霊、また神道的な霊性です。その影響力は圧倒的に大きいと言わなければなりません。

そして、日本人の圧倒的多数の人たちは、明仁天皇夫妻の言動とあの人格に好意を持ち、敬意を払います。それが、彼らが体現している宗教性への強い傾倒をこの国に生み出していることを見落とすことはできないのです。彼らはまさにこの国において、霊的権威として機能しているのです。

7　おわりに

私は現代という時代の認識として、キリスト教会は天皇制に対して、二度目の大敗北を喫したのだと思っています。一度目の大敗北は、あの戦争中の敗北です。ご存知のように、一九四一年に、日本のプロテスタント教会は戦争の遂行のために合同し、日本基督教団となりました。日本基督教団の「教団規則」の第七条「生活綱領」にはこう記されていました。「皇国ノ道ニ従ヒテ信仰ニ徹シ各其分ヲ尽シテ皇運ヲ扶翼シ奉ルベシ」。

聖書に従うのでもなく、キリストに従うのでもなく、「皇国ノ道ニ従」って信仰に徹することが定められています。教団統理の富田満は、日本基督教団の成立を伊勢神宮に参拝して報告し、新しい教団の発展を「希願」しました。

この姿に典型的に表れているように、キリスト教会は天皇制にある意味完全に屈服しました。これが第一の大敗北です。そしてこの敗北は、単純に、国家権力によって敗北させられたと言えるようなものではありません。キリスト教会の側の問題も大きかったと言えます。しかし、背後に国家権力の圧力があったことは否定できないでしょう。

では、第二の敗北はどうでしょうか。私が、今日、キリスト教会は天皇制に二度目の大敗北を喫したというのは、次のような意味です。つまり、キリスト教会が本来この日本において果たすべき役割を、明仁天皇夫妻に持って行かれたのではないかということです。教会は本来、この国の多くの人たちに慰めを与える存在であるべきではなかったのでしょうか。教会は、この国の中で、ある倫理的な権威を保持する役割を担うべきではなかったのでしょうか。そして教会は何より、この国において真に霊的役割を担うべき責任を負っていたのではないでしょうか。

しかし人々は、明仁天皇夫妻に慰めを感じ、彼らに倫理的権威と、霊的権威を認めている。彼らの言動に慰められ、彼らに道徳的な拠り所を見出している。天皇夫妻が、自分たちの代わりにこの国に住む人たちの安寧と幸福を祈っていてくれると思っている人たちが、少なくないのではないでしょうか。もし、キリスト教会が、この社会の倫理の盾になっていると思われているなら、もっと尊敬を集められるでしょう。もし、多くの人たちが、教会では自分たちのために平和と幸福をいつも祈っていてくれると思っていたなら、教会に来る人たちは増えることでしょう。

現実はそうではないのです。人々が慰めを感じ、倫理的権威と霊的権威を認めているのは、明仁天皇夫妻なのです。本来、キリスト教会が担うべき役割を、明仁天皇夫妻に持っていかれた。これが私の言う、第二の敗北の意味です。そしてこの敗北は、キリスト教会自身の問題と同時に、天皇夫妻の並々ならぬ努力によってもたらされたものです。

私は現在の状況を敗北としか呼べないのですが、では私たちはなぜ敗北したのでしょうか。私たちは天皇夫妻よりもずっと妥協的で、世俗的なのではないでしょうか。私たちは彼らほど確信に生きていないのではないでしょうか。彼らは、本気で異教の神々に祈っています。彼らは全力で、偽りの神々に祈っているのです。それに対して、真の神を知っている私たちはどうなのでしょうか。

しばしば、天皇夫妻に「好感を持てる」とか「敬意を表する」などと言うキリスト者がいます。しかし、自分たちキリスト教会が招いた責任を嘆くことなしに、容易くそう言うことはできないのではないでしょうか。まして天皇夫妻には、圧倒的な異教的・霊的感化力があるのです。それに気づかずに、天皇夫妻に対する好感や敬意を表すことは、果たして適切だと言えるのでしょうか。

また、天皇を「上なる権威」として表現するキリスト者もいます。しかし、神が立てられた「上なる権威」として認めるなら、その制度自体を否定することは難しくなるのではないでしょうか。

最終的に問われるのは、「天皇制と調和したキリスト教」になるのか、それとも「天皇制を拒絶したキリスト教」になるのかということです。これは二つに一つです。天皇を誰と言うのか、そしてイエス・キリストを誰と言うのかの問題です。

最初に御言葉を朗読していただきましたが、コロサイの信徒への手紙はこう記しています（一・一六―一七）。

「天にあるものも地にあるものも、見えるものも見えないものも、王座も主権も、支配も権威も、万物は御子において造られたからです。つまり、万物は御子によって、御子のために造られました。

御子はすべてのものよりも先におられ、すべてのものは御子によって支えられています」。「王座も主権も、支配も権威」も、万物は御子によって、御子のために造られたのです。イエス・キリストは単に教会の主であられるのではありません。王座も主権も支配も権威もすべて御子のものです。つまり、イエス・キリストは国家の主でもあられます。王の王なのです。この聖書の教えに、私たちが本気で立つかどうかが問われていると言えるでしょう。

イエス・キリストが主である国家において、異教の大祭司が占めるべき役割はありません。

第一の敗北の後、つまり戦後、日本の教会は結局、この敗北の問題、天皇制の問題をあいまいにしました。敗北を明確に認めることもなく、天皇制との共存の道を選んだのです。

それが結局、今日の第二の敗北につながったと私は思います。それでも第一の敗北の後は、キリスト教会の中でずいぶん天皇制についての議論もなされました。しかし今回は、本当に議論が少ないように感じます。というより、キリスト教会が敗北したという意識そのものが希薄なのではないでしょうか。

今回もまた天皇制の問題をあいまいにすれば、日本のキリスト教会にはいよいよ将来がないのではないかと感じます。やがて本当に天皇教に呑み込まれてしまうのではないでしょうか。

何度も言いますが、私は今日の事態は、日本のキリスト教会の天皇制に対する敗北だと思っています。そして、これが日本宣教の停滞と一体なのです。その意味で、天皇制はまさに宣教の課題だと言わなければなりません。この問題に本気で取り組まなければ、日本宣教は突破すべき壁を突破できないと思います。その認識を新たにし、そしてどんな時代になっても神の言葉に立つという決意を、今日という日に共に新たにしたいと願います。

主な参考文献

松谷好明『キリスト者への問い』一麦出版社、二〇一八年。

「教会と政治」フォーラム編『キリスト者から見る〈天皇の代替わり〉』いのちのことば社、二〇一九年。

内田樹『街場の天皇論』東洋経済新報社、二〇一七年。

吉馴明子他編『現人神から大衆天皇制へ』刀水書房、二〇一七年。

『私の天皇論』「月刊日本」一月号増刊、二〇一八年。

矢部宏治『天皇メッセージ』小学館、二〇一九年。

吉田裕他編『平成の天皇制とは何か』岩波書店、二〇一七年。

宇都宮健児『天皇制ってなんだろう?』平凡社、二〇一八年。

土肥昭夫『キリスト教と天皇制』新教出版社、二〇一二年。

村上重良『天皇の祭祀』岩波新書、一九七七年。

多木浩二『天皇の肖像』岩波新書、一九八八年。

横田耕一『憲法と天皇制』岩波新書、一九八八年。

原武史・吉田裕編『岩波　天皇・皇室辞典』岩波書店、二〇〇五年。

高谷朝子『宮中賢所物語』ビジネス社、二〇〇六年。

塚田理『象徴天皇制とキリスト教』新教新書、一九九〇年。

立教女子学院短期大学公開講座編『天皇制を考える』新教出版社、一九九〇年。

東京ミッション研究所編『天皇制の検証』新教出版社、一九九一年。

富坂キリスト教センター編『天皇制の神学的批判』新教出版社、一九九〇年。
袴田康裕編『地の塩となる教会をめざして』一麦出版社、二〇一七年。
伊藤真『赤ペンチェック　自民党憲法改正草案』大月書店、二〇一三年。
伊藤真『憲法の力』集英社新書、二〇〇七年。

賜物が豊かに用いられる教会となるために
——日本キリスト改革派教会における女性教師・長老問題

1　はじめに

日本キリスト改革派教会は、二〇一四年一〇月の定期大会において、「教師の資格」と「治会長老の資格」を含む政治規準の改正案を可決した。改正後の条文は次の通りである。

第四四条（教師の資格）「この職務を担当する者は、十分な教養と健全な信仰を持ち、生活に恥じるところがなく、教えることにたん能な者でなければならない」。

第五四条（治会長老の資格）「この職務を担当する者は、健全な信仰を持ち、家をよく治め、生活に恥じるところがなく、言葉と行いにおいて、群れの模範である者でなければならない」。

各条文の「者」の所がこれまでは「男子」となっていた。投票の結果は、第四四条が賛成一一六票、反対三六票により可決、第五四条は賛成一二二票、反対三一票によって可決であった。いずれも改正に必要な三分の二を大きく上回ったが、二割以上の方が反対であった。

こうして日本キリスト改革派教会（以下、改革派教会）は、教派創立数年後から禁じられていた女性教師・女性長老に道を開くことになった（施行は二〇一五年一〇月）。本論は、なぜ改革派教会が女性教師・長老を禁じてきたのか、そしてこの問題の議論の経緯、さらにどのようにして認められるようになったかを解説するものである。

2　なぜ女性教師・長老は認められてこなかったのか

改革派教会は、一九四六年四月に創立された。改革派教会創立の母体とも言える旧日本基督教会は一九二〇年の第三四回大会で女性長老を認め、翌年から実施している。また同年の大会で女性も教職になることができることが確認され、最初の女性教師が一九三三年に任職されている（最初の女性牧師は高橋久野。植村環の任職は一九三四年）。

このように旧日本基督教会が女性教師・長老を認めていたので、改革派教会の最初期には女性教師はいなかったが、女性長老が存在していた。大会記録によると、初期の大会には、女性長老が正議員として出席している。

しかし、憲法規則の制定が進められ、第三回定期大会（一九四八年一〇月）において「治会長老を男子のみ」とする記述を含む修正草案の暫定使用が決められた。これに伴って、各個教会に存在していた女性長老が、その職から降ろされたものと思われる。続く第四回大会で「現在暫定的に使用中の政治基準草案を本日より政治基準として採択すること」が決議された。こうして改革派教会は、女性教師・長老を認めない教会としての歩みを始めたのである。

ではなぜ、改革派教会はこの道を選んだのか。教師・長老から女性を排除する件について議論した記録はほとんどない。それに特化した会議の決議もない。考えられるのは、宣教協力が始まっていたミッションの影響である。米国南長老教会、正統長老教会、北米キリスト改革派教会は、当時いずれも、女性教師・長老を認めていなかった。世界的にも保守的な改革派・長老派教会はほとんど認めていなかった。それゆえ改革派教会は、先輩教会に倣い、それが聖書的なあり方だとして、特段の議論もなく受け入れていったのだと思われる。

その後、長年にわたり女性役員問題が公的に取り上げられることはなかった。例外は、第二九回大会報告（一九七四年）である。憲法委員会がＲＥＳ（Reformed Ecumenical Synod）から出されたペーパーの報告を掲載しているが、その中で委員会は、聖書が教える神の創造の秩序とパウロの教え（Ｉテモ二・一一―一五、Ｉコリ一四・三三―三七）に鑑みて、「婦人たちが治会ならびに宣教長老の職から除外されることが聖書的教えであると確信する」、また「婦人執事の存在を認めるのが聖書的であると信じる」と述べている。四〇年前はこのような理解でほぼ統一されていたと言える。

女性役員問題が本格的に議論されるようになるのは、創立四〇周年（一九八六年）を経た一九八〇年代後半以降である。次にその議論の経緯を見ていきたい。

3　議論の経緯

創立四〇周年以後の課題の一つとして一九九〇年に「女性教職・長老についての研究委員会」が設置された。その後、この委員会と継続委員会によってたくさんのレポートが大会に提出され、議論がなされた。レポートは、①関連する聖書箇所の解釈に関するもの、②教会の信条であるウェストミンスター信条との関係に関するもの、③女性教師・長老についての内外の諸教会の状況に関するものが中心であった。

大会の議場では、毎年のように、委員会のレポートに基づいて議論がなされた。教師・治会長老の中に、強くこれに反対する者も少なくなかった。また、協力友好関係にある外国教会のうち、正統長老教会（ＯＰＣ）や北米キリスト改革長老教会（ＲＰ）は、大会での問安挨拶の度にこの問題に触れ、引き続き認めないことを求める強い意見を述べ続けた。

こうした長年の議論を経て、二〇〇三年に女性教師長老問題検討委員会は、次の提案を大会に提出した。①女性教師・長老は聖書に反しないとの検討委員会報告を承認すること、②憲法第二分科会に、女性長老、教師の順に政治規準改正を数年後に提案させること、③聖書解釈についての学びを深める手立てを講じること。

しかし大会は、「この提案を審議未了廃案とし、六〇周年まで女性教師・長老問題を審議しない」との動議を賛成多数で可決した。このように、改革派教会は約一五年間議論したにもかかわらず結論を得ることができず、この議論は創立六〇周年以降に持ち越されたのである。筆者はこの提案がなされた大会に出席していたが、この段階で委員会の提案に賛成することにはためらいを感じた。おそらく、そう感じていた教師・長老が多かったのではないかと思う。一五年間の議論の中で論点は出尽くしていたが、大会では議論が拡散し、大会的合意を得るような説得力に欠けていた。すでに、女性教師・長老に賛成する教師・長老が多数派になっていたと思われるが、この段階で踏み切ることは教会の建徳の上で望ましくないように感じた者が少なくない。議論疲れの空気もあった。それゆえ、しばらく冷却期間を置くことになったのである。

議論が再開したのは二〇〇六年である。同年の大会は「女性役員を認めることが我が教会の信仰規準に抵触するかどうか」の検討を憲法委員会第一分科会に依頼した。そして二〇〇八年の大会は、同委員会の答申を大会的合意とすることを大多数で可決した。それは次の三点である。

①女性役員（教師・長老）を認めることは、我が教会の信仰規準の教理体系に抵触しない。②教理体系と矛盾しない場合の聖書解釈の相違については、その多様性が認められると同時に、より良い解釈が示される日を祈り求めねばならない。③見える教会の教会政治は、キリストの御国の進展と完成を目指して営まれるべきであり、その目的の実現のために教会全体が一致できるよう配慮されなければならない。

そして二〇一〇年に「教会職制のあり方とその働きについての道筋と内容について検討し、必要かつ有益な改革案を大会に提案すること」を任務とする「教会の職制と働きに関する特別委員会」が設置された。同委員会は二〇一一年の大会に、教会職制についての歴史的概観に関する三つのレポートと、現代の改革派・長老派諸教会における教会職制についての調査レポートを提出した。また、二〇一二年の大会に、当該問題についてのウェストミンスター信仰告白に関連するレポートと、関連聖句の解釈に関するレポートを提出し、二〇一三年には改めて全国の諸教会の役員を対象にアンケートを実施した。そして、聖書およびウェストミンスター信条に抵触する問題はなく、かつ教会的コンセンサスがほぼ得られていると判断して、二〇一四年に政治規準の改正の提案をしたのである。投票の結果は冒頭に記した通りである。こうして、議論開始から約二五年を経て、改革派教会は女性教師・長老を認めることになった。二〇一六年一一月の段階で、既に多くの女性長老が誕生している。しかし、女性教師はいまだ任職には至っていない（註　その後、二〇一八年に最初の女性教師が任職された）。

4　何が議論の焦点だったのか

改革派教会は、聖書を神の言葉、信仰と生活の規範と信じている教会であり、ウェストミンスター信条を教会の信仰規準としている。それゆえ、当該問題についても、関連する聖書箇所の解釈とウェストミンスター信条との関連が議論の主要な焦点になった。その議論を簡単に紹介しておきたい。

⑴関連する聖書箇所の解釈

女性役員に反対の根拠として挙げられる聖書箇所は、①コリントの信徒への手紙一、一一章二―一六節、②コリントの信徒への手紙一、一四章二六―三六節、③テモテへの手紙一、二章一一―一五節である。しかし、強い反対派であるOPCですら前二者は根拠にならないとしており、実質上の根拠はテモテへの手紙一、二章一一―一五節のみと言える。

果たしてこの聖書箇所が、女性教師・長老を認めない決定的な聖句と言えるのだろうか。歴史上は確かにそう解釈されてきたし、今でもそう解釈される余地がないわけではない。しかし、当時の地域的・歴史的事情や、創世記の引用か否かの議論とその意味、さらにはその文脈などを考えたとき、この箇所には確かに釈義上の不確かさがある。そのような解釈の困難な聖書箇所を、女性教師・長老を否定する事実上唯一の明確な根拠とすることには無理があると言える。そのような箇所については、ある程度の聖書解釈の多様性が認められなければならず、聖書学の進展によって、より良い解釈が示されることを求めていくことが大切である。実際、当該箇所の聖書解釈は、保守派の間でさえも意見が分かれている。

(2)ウェストミンスター信条との関連

もう一つの論点は、ウェストミンスター信条との関係である。歴史的改革派教会は、「規範的原理」（Regulative Principle）を採用してきた。これは「命じられていないものは禁じられている」として、「教会の教理、政治そして礼拝のすべての必要な要素の明確な根拠を聖書から提示することを求める原則」のことである。反対派は、ウェストミンスター信仰告白一章六節はこの規範的原理を明確に教えており、女性が教師または長老に就くことができるか否かの問題もこの原則に則って考えなければならないと主張した。すなわち、女性が教師・長老に就くことを聖書が積極的に命じていない限り、これは禁じられていると解すべきだとしたのである。

しかし、この立論には無理がある。確かに信仰告白一章六節が、教会政治の規範的原理を教えていることは肯定できるが、女性教師長老問題を一章六節から規範的原理で考えるべきだという主張は、その歴史的文法的な解釈からして行きすぎだと言わざるを得ない。また、教会政治を「教理」「法」「マニュアル」「実践」の各次元に分けてバランスよく理解する姿勢にも欠けている。教会政治の根本原則に明らかな聖書の根拠が求められるのが当然だとしても、具体的細目のすべてが聖書によって明白に規定されるわけではないのである。

5　さいごに

以上のことから、女性教師・長老の問題は、聖書的に「正しいか／間違いか」の問題ではなく、「開かれている問題」、すなわち、それぞれの教会が置かれている歴史的・地理的・文化的事情等々の中で、教会の建徳のために主体的に判断すべきものであると言える。それゆえ問われているのは、今後、終末に向かう教会として、どのような教会形成を目指すのかということである。教会員の三分の二が女性であり、高齢化も進んでいる。そのような現実の中で、キリストの体なる教会が、互いに配慮し合う「命の共同体」を築き上げていくことがますます求められている。そのためには、ふさわしい教会役員が性差によらずに選ばれ、多様な賜物がさらに豊かに用いられることが必要だと思うのである。

今後、教会の現場で乗り越えなければならない問題が生じることがあるかもしれない。しかし、乗り越えた後の祝福は大きいであろう。健全な聖書的神学の上に、二一世紀の改革派教会が築かれていくことを心から期待している。

長老主義教会における寛容論の展開

1　はじめに

今回、「寛容論をめぐるピューリタニズムとイスラームとの対話」というシンポジウムで発題を依頼された。私の役目は、ピューリタンの中で大きな位置を占める長老派の寛容論の展開について、それをケーススタディとして報告することである。歴史神学の立場から報告し、それを基にイスラームとの対話の可能性を考えてみたいと思う。

2　ウェストミンスター神学者会議における長老主義

まず、長老派がどのような主張をしていたかを、一七世紀半ばに開かれたウェストミンスター神学者会議での議論によって確認しておきたいと思う。神学者会議には、教会政治の見解によって四つの党派が存在した。主教派、長老派、独立派、エラストス主義者であるが、その中で最大の党派が長老派であった。長老派の教会政治についての基本理解は、①多様な務めを担う複数の職制の存在（牧師、長老、執事）、②長老会議（牧師と長老）による教会統治、③教師（牧師）の平等、④管轄権を持つ段階的教会会議による教会統治などである。独立派は④を認めず、各個教会の教会としての「独立」を主張していた。

長老派の特徴として以下の点を挙げることができる。第一は、当時の長老主義は国教会主義（法定教会主義）を内包していたことである。これは宗教改革時代の長老主義に共通していることであるが、彼らはいわゆる「自由教会」の存在を認めなかった。それゆえ神学者会議が作成したウェストミンスター信仰告白も国教会主義を内包している。具体的には、①誤った教えや教会の秩序を破壊する行為に対して、教会の譴責だけでなく、国家的為政者によっても責任を問われること（二〇章四節）、②国家的為政者は、教会の中で神の規定が適切に定められ、行われるように整える義務があること（二三章三節）、③国家的為政者は教会会議を招集し、そこに出席し、その内容に注意を払う権能があること（二三章三節、三一章二節）などである。

第二の特徴は、基本的に非寛容であったことである。プレスビテリーについての議論で、長老派と独立派は激しく対立した。一六四三年の年末に独立派は『弁明の陳述（*Apologeticall Narration*）』[1]というパンフレットを出版し、少数派である自分たちへの寛容を訴えた。これに対して長老派のトマス・エドワーズが『弁明駁論（*Antapologia*）』[2]という反論を発表した。この中でエドワーズは、独立派の主張していた「寛容論」を批判し、独立派に対する寛容を許してはならないと訴えた。彼は言っている。「私は、議会が、寛容という発想の内側にひそむサタンの影を真剣に考慮するよう、謙虚に嘆願します。……寛容こそ、イングランドに対するサタンの傑作なのです」（三〇三頁）。エドワーズの立場が、長老派の立場を代表しているとは言えないが、彼の本に共鳴する人が少なくなかったことは事実である。

第三の特徴は、秩序を重んじる傾向が強かったことである。もともと長老派に所属していたジョン・ミルトンは、彼の「離婚論」によって長老派から激しく非難された。[3] 確かにミルトンの結婚・離婚理解には、これまでの長老派や改革派が主張してきた理解を超える面があるが、結婚を契約として理解する点など、共通する面も少なくない。しかし、あれほど強く非難された背景には、その主張の持つ秩序破壊的要素が非常に警戒されたからだと思う。ウェストミンスター神学者会議の長老派の大半は、会議が始まってから長老派に加わった者たちで、真に願っていたのは、主教制によって保たれていた秩序が引き続き維持されることであった。主教制廃止が決まったため、「次善の選択」として長老派に加わったのである。つまり、かつて主教制が担っていた秩序が、長老制によって保たれることを期待したのである。国教会体制の中で秩序を重視する考えによって、信仰告白の離婚の理由も限定的になった可能性がある。秩序を重んじることが長老派の大きな特徴であったのである。

以上が、ウェストミンスター神学者会議における長老主義の特徴である。

3　国教会主義から有志教会論へ

国教会主義を内包していた長老主義を、古典的長老主義と呼ぶことができる。しかし、長老教会は、国教会主義を捨て、有志教会論を受け入れるようになる。これが古典的長老主義から近代的長老主義への移行であるが、この点が長老教会における「寛容」理解の最大の分岐点であると言える。

まずアメリカの事例を見ておく。アメリカにおける最初の長老教会は、主としてスコットランドと北アイルランドからの移民によって形成された。長老教会の最初の指導者はフランシス・マケイミ〔Francis Makemie, 1658-1708〕である。彼は一六八四年にアメリカで最初の長老教会をメリーランドに設立した。また、彼は異なった地域、異なった背景の長老主義者たちを一つにまとめることに成功し、一七〇六年にフィラデルフィア中会が成立した。そしてウェストミンスター信仰告白を彼らの立場として取ることで同意した。

植民地時代において、長老派は少数派にすぎず、迫害される立場にあった。その中で長老主義者たちは、バプテスト派と並んで国教会主義に反対し、寛容のために戦うことになる。それゆえアメリカ革命後の一七八八年に、合衆国長老教会がウェストミンスター信仰告白の教会と国家に関する項目を改定したのは、ある意味自然なことであった。この改定は、教会と国家の結合、すなわち国教会体制を含む文章の削除訂正から成っている。改定版では、為政者の義務は、信条や教会政治の区別なしに、公的活動における法的保護に制限されており、法の前における宗教の自由とすべての教派の平等の原理が告白されているのである(4)。

プリンストン神学校のチャールズ・ホッジは、一八六三年に発表した『教会と国家の関係(*The Relation of Church and State*)』の中で、この立場が新しい教理であると認めつつ、それが健全であるとして、その神学的根拠として、次の四点を挙げている(5)。①国家、家庭、教会は、いずれも神による制度であり、共通の目的を持つが、異なる手段によってその目的を達成するように定められているということ。神は家族の訓練と家計のために家庭を定められ、平穏な生活が送れるように国家を定められ、真の宗教の促進のために教会を定められたのであるから、三者はそれぞれの範囲の中での区別が保たれるべきこと。②国教会主義が、しばしば旧約聖書の秩序を根拠に論じられることは、適切ではないこと。③ルター派や改革派教会は、宗教に関する為政者の義務を教えてきたが、新約聖書はその根拠を示していないこと。それらの義務は、教会と教会役員に割り当てられているのであり、国家が引き受けることは神の意志ではないこと。④宗教に関する義務を国家が果たすことは、宗教の性質に合致しないこと。宗教の真の目的は、神に対する自発的服従であり、それを国家権力によって成し遂げるのは適切ではないこと。

このようにアメリカの長老教会が国教会主義を捨てたのは、外的要因が主因でありつつも、ホッジに見られるように神学的な根拠づけも行われてきたと言える。

次にスコットランドの場合である。スコットランドは、一六九〇年体制以降、長老教会による国教会体制を堅持していたが、一九世紀に入ると、この原理に反対する有志教会論が台頭し、激しい論戦が起こった。有志教会論者は、国教会制度は教会を世俗化させる危険があり、また、信仰上の独立(Spiritual Independence)を脅かす危険もあるとしてこれに反対した。つまり、国家からお金をもらえば、何らかの譲歩を国家にせざるを得なくなるのではないか、と考えたのである。これに対して国教会主義者は、教会の信仰上の独立は当然としつつも、牧師の給与が国家から支給されれば、教会はすべての労力を霊的働きに傾けることができると考えた。すなわち、経済的心配から解放されることによって、教会の維持が難しい貧しい地方の教会の伝道や、信仰から遠ざかっている人の救いにも力を入れられると考えた。また、国中のあらゆる分野や機能は、キリスト教に影響されているべきだと主張したのである。

スコットランドでは、一八四三年に教会の大分裂が起こった。[6] これは福音主義の牧師たちが、国教会を離脱してスコットランド自由教会を創立した出来事であるが、実は離脱した人たちは国教会主義者であった。しかし、政府のエラストス主義との戦いの中で、教会の信仰上の独立が危うくなり、それを守るためにやむなく国教会を離脱したのである。福音主義的な長老主義者にとって、国教会主義は彼らの確信の一つであったが、それ以上に重要なのが教会の信仰上の独立であった。大分裂の指導的神学者トマス・チャーマーズは、「われわれは国教会を放棄するが、国教会主義に全力を注ぐ。我々は腐敗した国教会を放棄するが、純粋な国教会に復帰することを喜ぶことになろう」と語っている。

しかしこのスコットランド自由教会も、一九〇〇年に有志教会論の合同長老教会との合併によって、国教会主義を捨てることになる。一方、国教会であるスコットランド教会も、一九二一年の議会制定法によって国教会であることを止め、それによって合同自由教会が一九二九年に合同した。これによってスコットランド教会は、スコットランドのプロテスタントの五分の四の信徒を有するナショナル・チャーチとなったのである。

スコットランドの長老教会が国教会主義を捨てたのは、時代精神に呼応した神学的思潮が主因であったと言える。特に一九世紀後半には、世界の宗教が多く知られることによる宗教についての意見の多様性の許容、人間性に対するより積極的な評価、ドイツ神学の影響による聖書理解の問い直しとそれによる信仰告白の再評価などがなされた。その中で、一八九二年の自由教会の宣言法は「非寛容ないし迫害をよしとするような原理」の否認を確認し、寛容の重視を強調した(7)。自由教会が国教会主義を捨てたのは、神学的思潮の影響と同時に、現実にいわゆる「自由教会」として歩んできたことによる現状追認もあったと思われる。

スコットランドには、少数派として現在も国教会主義を主張するスコットランド自由教会なども存在するが、彼らももはや、他の信仰者への非寛容や強制を認めているわけではない。

4　同意署名誓約論争に見る「自由」の拡大

長老主義教会の寛容論の展開として注目したいもう一つの点は、同意署名誓約論争に見られる「自由」の拡大である。長老主義教会の一般的特徴は、ウェストミンスター信仰告白（あるいはウェストミンスター信条）を教会の信仰規準としていることであるが、これは牧師や役員が任職の際に、信条に対して署名あるいは誓約することによって実質的に担保されている。それゆえ、長老教会の歴史の中では、この同意署名・誓約の言葉と拘束力が大きな論争点であった。その中で、牧師や役員の自由が拡大されていったのである。

ここではスコットランドの例を見ておきたいと思う。名誉革命によってスコットランド教会は、長老主義の国教会として再出発した。これが一六九〇年体制と言われるものである。スコットランド議会は一六九〇年六月七日に、「改革派教会の教理と要点と内容を含む、この教会の公的で正当な信仰告白」として、ウェストミンスター信仰告白を批准し、国教会として長老教会を設立する法を可決した。そして同年一〇月の教会大会は、次のように定めた。

「教理の健全さと統一を保持するために、すべての説教免許者、新たに牧師に就くすべての者、また教会政治上われわれとの交わりの中に受け入れられる、その他のすべての牧師と長老は、ウェストミンスター信仰告白を承認することに、同意署名しなければならない(8)」。

一六九三年に議会は一つの法律（The Act for Settling the Quiet and Peace of the Church）を通過させた。それは次のように規定している。

「なんぴとも、ウェストミンスター信仰告白を自分の信仰の告白と明言して、それに同意署名し、その教理を常に固く自分が則り離さない真の教理と承認しなければ、本教会において牧師もしくは説教者になることは認められず、以後その職に留まることも許されない(9)」。

一六九四年に教会大会は、同意署名の新しい様式を作成した。それによれば、牧師任職を求めるすべての人は、ウェストミンスター信仰告白を「自らの信仰の告白」として同意し、「そこに含まれている教理が真の教理であると認め、絶えずそれを固守する」ように要求された。こうして牧師には、ウェストミンスター信仰告白の教理に対する絶対的なコミットメントが課されることになったのである。

こうした信条に対する強い拘束力が緩められる傾向は、国教会から分離した分離派教会で最初に起こった。第二離脱によって生まれた救済教会（Relief Church）は、一八二三年の同意署名の質問の中で、国教会主義を捨てることを明示している。また、一八四七年に誕生した合同長老教会（United Presbyterian Church）は、任職候補者への質問の中で、もはや牧師に対してウェストミンスター信仰告白を「自分自身の信仰の告白」とすることを求めていない。

しかし、信条の拘束力に対する決定的な変化は、一九世紀後半以降に起こったと言える。歴史学者のアレグザンダー・チェインは、スコットランドの諸教会が、ウェストミンスター信仰告白との関係を検討した一八六〇年代から一九一〇年までの論争を「信仰告白大論争」と呼んでいる。チェインはその背後にあった新しい神学的思潮として、次の八点を指摘している。[10]

①信仰告白の評価における歴史主義の影響

②信仰告白の「無慈悲な」カルヴァン主義に対する道徳的反発

③ダーウィン主義と自然科学の発見のインパクト

④人間性に対するより寛容な評価（全的堕落の教理に対する反感や嫌悪）

⑤宗教の事柄における新しい寛容さや試み（宗教についての意見の多様性の許容）

⑥「教義」を押し出すよりも、「弁証」する姿勢を好む傾向

⑦世界の宗教が多く知られるようになったこと

⑧新しい福音伝道へのアプローチ（ムーディの働きに見られるもの）と、その結果として生じる福音そのものの新しい理解

こうした神学的思潮の影響で、ウェストミンスター信仰告白に表されているカルヴァン主義的正統主義の見直しがなされた。その帰結が、一八七八年の合同長老教会による「宣言法」と、一八九二年のスコットランド自由教会の「宣言法」である。自由教会「宣言法」の最後の部分には次のように記されている。

「本教会は、非寛容的、ないし迫害をよしとするような原理を否認し、また、本教会の職務保有者が、信仰告白に同意誓約することにより、良心の自由と個人的判断の権利と矛盾する、なんらかの原理に服するようになるとは考えない。

信仰告白に述べられた改革派信仰の核心に関わらない種々の点については、本教会において意見の

多様性が認められるが、どのような点がこの範疇に入るかを具体的に起こる問題に則して決定し、そうすることによってこの自由の乱用により、健全な教理が損なわれたり、自らの統一と平和が傷つけられないように守る十全の権威は、本教会がこれを保持する」。

合同長老教会の「宣言法」と同じく、ここでも「信仰の核心」に関わらない点についての「意見の多様性」が認められるとされた。こうして、合同長老教会と自由教会は、新しい時代精神を受けて、いわゆる硬直化した正統主義的カルヴァン主義の見直しを行ったのである。

一九〇〇年に両教会は合同して合同自由教会（United Free Church）となり、一九二九年にスコットランド教会に合併した。スコットランド教会の任職における質問と誓約文は次のとおりである。

「一、あなたは、父・子・聖霊なる唯一の神を信じますか。またあなたは、主イエス・キリストをあなたの救い主、主として、新たに告白しますか。

二、あなたは、旧新約聖書に含まれた神の言葉が、信仰と生活の至高の規範であることを信じますか。

三、あなたは、本教会の信仰告白に含まれた、キリスト教信仰の根本教理を信じますか。

（署名される誓約文の最初の文）

私は、本教会の信仰告白に含まれた、キリスト教信仰の根本教理を信じます[11]」。

スコットランド教会の立場は、次の三点にまとめられる。①ウェストミンスター信仰告白を教会の従属的信仰規準とするが、信仰の核心に関わらない教理上の点については、意見の自由を認める。②任職されようとする人には、スコットランド教会の信仰告白に含まれた、キリスト教信仰の根本教理を信じることが要求される。③従属的信仰規準を作り、解釈し、修正する権利、および何が根本教理かを審判する権利は教会自身にある。

「信仰の核心に関わらない教理上の点については、意見の自由を認める」ということは、逆に言えば「信仰の核心については、意見の自由はない」ということである。しかし、スコットランド教会は、その後一度も、ウェストミンスター信仰告白のどの教理が信仰の核心に属し、どれがそうでないかを定義することはなかった。さらに、任職されようとする人には、「信仰告白に含まれた、キリスト教信仰の根本教理を信じる」ことが要求され、何が根本教理かを審判する権利は教会自身が持つとされた。しかし実際には、何が根本教理かを教会が審判することはなかった。その背後には、宗教的寛容を重んじる時代精神があった。そしてその結果、スコットランド教会は、事実上、信仰告白については解釈自由になり、教会の教理的立場は極めて自由で、多様になっていったのである。もはや、信仰告白の文言が教会の役員を拘束することは事実上なくなったと言っても言い過ぎではない。そして、内部における多様性の許容が、外部に対する寛容と軌を一にしていたのは言うまでもない。こうしてスコットランド教会は、二〇〇年の歴史を通して、非寛容から寛容へと大きく変化したと言えるのである。

5　結論——イスラームとの対話の可能性

以上のように長老主義教会は、その歴史の中で確実に「非寛容から寛容へ」と舵を切ってきた。その要因は次の三つにまとめられる。

第一は、宗教と国家との関係である。かつては大前提であった国教会主義を、長老主義教会は見直していった。多教派共存、さらに多宗教共存を受け入れていった。それには外的要因とともに、神学的議論による見直しがあったと言える。

第二は、聖典である聖書の解釈である。特に一九世紀後半、ドイツの聖書学がスコットランドにも及び、聖書理解の見直しと、それに基づく信条理解の再検討を促した。それにはもちろん功罪があるが、聖書を原理主義的に読むのではなく歴史的文献として読むように促され、それが寛容の進展を後押ししたことは間違いない。

第三は、時代との対話である。この点は第二の聖典の解釈とも関係があるが、聖書を歴史的に読むだけでなく、教会自身も歴史の中を歩んでいる存在として、時代の思潮に耳を傾け、対話の姿勢を持っていたことである。

イスラームの寛容論を考える上でも、この三つが検証されるべき点ではないかと思う。すなわち第一は、イスラームにおける宗教と国家の関係理解はどうなのかということである。

第二に、聖典であるコーランの解釈の問題である。それを歴史的・批評的に読むことが果たして可能なのかということである。

第三に、イスラームにはどの程度時代との対話性があるのかという点である。キリスト教の場合は、教会についての「共同体論」があり、共同体として時代と対話しつつ、歴史を刻んで歩むという意識があるが、イスラームの場合はどうなのか。

最後に、聖典の解釈について付言したい。イスラーム思想の専門家である池内恵や飯山陽は、イスラームは非寛容な宗教であり、多様性を容認しないと主張する。[12]また、イスラームの危険性の根拠として、コーランの解釈が自由であるため、どんな過激な解釈も正当性を持つ点にあると考える。[13]それゆえ池内は、「軍事的・警察的な強制力を背景にした、教義テキストの性質そのものの改変、あるいは教義テキストの権威的な解釈の主体と制度の構築[14]」を訴える。

けれども、この「コーランの解釈自由→過激思想の流布」はそれほど自明なことなのであろうか。池内自身が述べているように、キリスト教の宗教改革は、個人の聖書解釈権を認め、その自由で多様な解釈によって、「近代の基本的人権や、平和的な国際秩序を、(やがては)もたらす一つのきっかけとなった[15]」と言える。つまりプロテスタントは紆余曲折を経たとはいえ、聖書解釈の自由が過激思想の流布につながったわけではない。ではイスラーム教の歴史ではどうなのか。イスラームの支配下では初期から他宗教に寛容だったと言われるが、それはやはりコーランの解釈に基づいて穏健な態度になっていたのではないのか。とすれば、「コーランの解釈自由→過激思想の流布」を必然と見なす理由はないのではないか。これは他の条件によって促されている現象であり、我々はむしろそれを促している条件の見直しにこそ目を留めるべきではないのか。

それゆえ、現代の世界において見られる「コーランの解釈自由→過激思想の流布」というつながりをいかに断つかが重要であり、その点において、キリスト教の聖書解釈の歴史、またキリスト教神学・歴史に貢献できる面があるのではないかと思う。

注

(1) Robert S. Paul, *An Apologeticall Narration*, United Church Press, 1963.

(2) Thomas Edwards, *Antapologia: or, A full Answer to the Apologeticall Narration*, London, 1646.

(3) ミルトンの離婚についての四部作は次のものである。ジョン・ミルトン『離婚の教理と規律』新井明・佐野弘子・田中浩訳、未來社、一九九八年。ジョン・ミルトン『離婚の自由について――マルティン・ブーサー氏の判断』新井明・松並綾子・田中浩訳、未來社、一九九二年。ミルトン『四絃琴――聖書と離婚論』辻裕子・渡辺昇訳、リーベル出版、一九九七年。ミルトン『言論の自由――アレオパジティカ』上野精一・石田憲次・吉田新吾訳、岩波文庫、一九五三年。

(4) Philip Schaff, *The Creeds of Christendom*, Vol.1, Baker, 1931, pp.806-809. 改定箇所は、二三章三節、二〇章四節、三一章一―二節、大教理問答問一〇九の四か所である。

(5) この論文は一八六三年にPrinceton Reviewに発表され、一八七九年に出版された *The Church and Its Polity* に再録された。

(6) 一〇年抗争と大分裂の簡潔な歴史に関しては、A. C. Cheyne, *Studies in Scottish Church History*, T&T Clark, 1999 の第五章 "The Ten Years' Conflict and the Disruption" を参照。

(7) *Declaratory Act of the General Assembly of the Free Church, 1892- Anent the Confession of Faith.* 本文は、*The Westminster Confession in the Church Today*, Ed. Alasdair I. C. Heron, Edinburgh, the Saint Andrew Press, 1982 の一四三―一四四頁に収録。邦訳は、『ウェストミンスター信仰告白と今日の教会』（松谷好明訳、すぐ書房、一九八九年）の一九二―一九三頁。

(8) 『ウェストミンスター信仰告白と今日の教会』三二一頁。

(9) 同書、三二一―三二三頁。

(10) A. C. Cheyne, *The Transforming of the Kirk*, Edinburgh, St. Andrew Press, 1983, pp.73-85.

(11)『ウェストミンスター信仰告白と今日の教会』二〇〇一二〇一頁。

(12) たとえば飯山陽『イスラム教の論理』(新潮新書、二〇一八年) には次のように述べられている。「世界にはこの『多様性』を否定的にとらえ、世界はひとつの価値観に収斂されなければならないと考える人々もいます。イスラム教という宗教は後者に属します」(五頁)。「本来イスラム教の教義は民主主義も世俗主義も国民国家体制も認めませんし、イスラム教と他宗教の間の平等も認めません」(五〇—五一頁)。「民主主義は信教や言論の自由を担保しますが、イスラム教はそうではありません」(一八〇頁)。

(13) 同書「コーランの章句に立脚していればそこから導かれる複数の解釈はすべて等しい価値を持つ、というのはイスラム教の教義だからです。どの解釈が最も正しいのか、あるいは間違っているのかを判断、決定する権威者や機関はこの世に存在しません。人間には本当のことは分からず真実は神だけがご存知、というのはイスラム教の大原則であり、解釈が複数存在する場合にどの解釈を採用するかは個人の選択に委ねられています」(一六—一七頁)。「コーランに立脚してさえいれば、そこから導かれる解釈がたとえ敵意をあおり戦争をしかけるような過激なものであっても『正しい』というのがイスラム教の教義です」(一七頁)。

(14) 池内恵「イスラーム教の宗教改革は必要か、そして可能か?」『ピューリタニズム研究第一二号』日本ピューリタニズム学会、二〇一八年、三一頁。

(15) 同書、二九頁。

初出一覧

「これからの伝道と教会形成」
「日本キリスト改革派教会西部中会七〇周年記念信徒大会」での講演（二〇一七年一一月三日）、加筆修正した原稿を『まじわり』（日本キリスト改革派東部中会機関誌二〇一八年四月—七月）に収録

「宗教改革の伝統——日本における受容と展開」
「日本キリスト教会・日本キリスト改革派教会合同教師会」での講演（二〇一七年一〇月一六日）、加筆修正した原稿を「合同教職者会記録」に収録（二〇一九年三月）

「ウェストミンスター信条を教会の信仰規準としている意味」

「全国連合長老会第六三回宣教協議会」での講演（二〇一七年二月二七日）。加筆修正した原稿を『季刊教会一〇九号』（二〇一七年冬季号）に収録

「教会の対外的ディアコニア」
日本キリスト改革派名古屋岩の上教会での講演（二〇一六年一〇月三〇日）

「コロナ禍のもとで考えたこと」

『リフォルマンダ』（日本キリスト改革派西部中会機関誌、二〇二〇年九月）に掲載
「教会の主、また国家の主であるイエス・キリスト」
日本長老教会「ヤスクニ学習会」での講演（二〇一八年四月二八日）
「キリスト者は天皇制をどうとらえるべきか」
神戸改革派神学校「天皇の代替わり儀式に抗議する特別公開講演会」での講演（二〇一九年四月三〇日）
「賜物が豊かに用いられる教会となるために――日本キリスト改革派教会における女性教師・長老問題」
『福音と世界』（二〇一七年一月号）に掲載
「長老主義教会における寛容論の展開」
第一三回日本ピューリタニズム学会での講演（二〇一八年六月二三日）、加筆修正した原稿を『ピューリタニズム研究』第一三号（二〇一九年三月）に収録。

あとがき

本書は、神戸改革派神学校在任中の二〇一六年から二〇二〇年の間になした講演・小論の中から、選択・編集したものです。二〇一七年に『改革教会の伝道と教会形成』（教文館）という講演集を出版させていただきましたが、本書はその続編と言えます。前著では、「健やかな教会をいかにして作るか」というテーマで編集し、伝道、教会政治、長老主義、牧師養成、教会と国家などのテーマを扱いました。幸いにして、教派を超えて多くの方々に読んでいただきました。

今回のテーマは、「日本における宗教改革伝統の受容と課題」です。言うまでもなく、プロテスタント教会は宗教改革に歴史的起源を持っています。そして日本にプロテスタントの宣教がなされたのは一九世紀半ばです。プロテスタントの宣教師が最初に来日した一八五九年に、アメリカ長老教会のヘボン、アメリカ・オランダ改革派教会のS・R・ブラウン、フルベッキも来日し、日本に改革派長老派の伝統が伝えられました。

それから一六〇年が経過しました。宗教改革伝統の主流とも言える改革派長老派伝統は、日本でどのように受容されてきたのでしょうか。その受容の仕方の違いが、教派の違いになっていると言えます。旧日本基督教会に系譜を持つ教会は、今日、日本キリスト教団連合長老会、日本キリスト教会、日本キリスト改革派教会の三つに分かれています。さらに、戦後の宣教によって、日本キリスト改革長老教会と日本長老教会も生まれました。本書には、日本キリスト教団連合長老会でなした講演（「ウェストミンスター信条を教会の信仰規準としている意味」）、日本キリスト教会との合同教師会でなした講演（「宗教改革の伝統――日本における受容と展開」）、さらに日本長老教会でなした講演（「教会の主、また国家の主であるイエス・キリスト」）を収録しています。改革派長老派という共通の伝統を持ちつつも、その受容の仕方は異なります。これらの講演を通して、それぞれの教会の特徴と課題を認識し、その上で豊かな交わりを築いていければと願っています。

そして、共通の課題は何といっても日本における伝道と教会形成です。「これからの伝道と教会形成」と「教会の対外的ディアコニア」はそれを扱ったものです。また日本宣教は天皇制の課題を抜きにしては語れません。「キリスト者は天皇制をどうとらえるべきか」では真正面からその課題に向き合っています。さらに、二〇二〇年の最大の課題となったコロナ禍についての考察と、女性教師長老問題、長老主義教会における寛容論についての小論を加えています。

改革派長老派伝統と繰り返して聞かされますと、何か一つの教派伝統に固執している内向きの議論のように思えるかもしれませんが、そうではありません。あのウェストミンスター神学者会議の議論がそうであったように、改革派長老派伝統とは、徹底的に聖書的教会を目指すという伝統です。それゆえ、聖書に立った教会を目指すすべての方々にとって、有益な内容を持っていると確信しています。その意味で本書が、改革派長老派の伝統に立つ教会の方々だけでなく、聖書的な伝道と教会形成を目指している多くの方々に読んでいただければ幸いです。

自らの伝統を深く認識し、現状の課題を厳しく見つめて取り組むところから、教会の将来が開かれていくと信じています。その意味で本書のタイトルを『改革教会の伝統と将来』としました。本書が、この国おける宣教の前進に少しでも役立つものとなるなら、これにまさる幸いはありません。

本書の出版にあたり、今回も教文館編集部の髙木誠一さんに大変お世話になりました。心から感謝いたします。

二〇二〇年一二月　コロナ禍の中で主の御降誕を祝いつつ

袴田康裕

《著者紹介》
袴田康裕（はかまた・やすひろ）
1962年、浜松市に生まれる。大阪府立大学、神戸改革派神学校、スコットランドのフリー・チャーチ・カレッジなどで学ぶ。日本キリスト改革派園田教会牧師を経て、現在、神戸改革派神学校教授（歴史神学）。
著書　『ウェストミンスター神学者会議とは何か』（神戸改革派神学校、2008年）、『平和をつくる教会をめざして』（編集共著、一麦出版社、2009年）、『信仰告白と教会』（新教出版社、2012年）、『ウェストミンスター小教理問答講解』（共著、一麦出版社、2012年）、『ウェストミンスター信仰告白と教会形成』（一麦出版社、2013年）、『世の光となる教会をめざして』（編集共著、一麦出版社、2013年）、『改革教会の伝道と教会形成』（教文館、2017年）、『地の塩となる教会をめざして』（編集共著、一麦出版社、2017年）、『教会の一致と聖さ』（いのちのことば社、2019年）、『キリスト者の結婚と自由』（いのちのことば社、2019年）、『聖霊の賜物とイエスの復活』（いのちのことば社、2020年）ほか。
訳書　ウィリアム・ベヴァリッジ『ウェストミンスター神学者会議の歴史』（一麦出版社、2005年）、『ウェストミンスター信仰告白』（共訳、一麦出版社、2009年）、『改革教会信仰告白集――基本信条から現代日本の信仰告白まで』（共編訳、教文館、2014年）、『ウェストミンスター小教理問答』（教文館、2015年）。

改革教会の伝統と将来

2021年3月30日　初版発行

著　者　袴田康裕
発行者　渡部　満
発行所　株式会社　教文館
〒104-0061 東京都中央区銀座4-5-1 電話 03(3561)5549 FAX 03(5250)5107
URL　http://www.kyobunkwan.co.jp/publishing/
印刷所　モリモト印刷株式会社

配給元　日キ販　〒162-0814　東京都新宿区新小川町9-1
電話 03(3260)5670　FAX 03(3260)5637

ISBN978-4-7642-6151-8　Printed in Japan